YANN MOIX

Jubilations vers le ciel

ROMAN

GRASSET

ISBN : 978-2-253-14374-1 – 1re publication LGF

A Hala Basha

Première partie

LES GRANDS SENTIMENTS HUMAINS

1

Ce que les femmes préfèrent chez moi, c'est me quitter. De toute façon je n'en ai connu qu'une.

Les plumes d'un Comanche, une fugue sous la pluie, trois peluches et une torgnole. Les enfances se résument : l'écorce des souvenirs troués. J'avais mon amoureuse, les femmes n'existaient pas. Muse en socquettes dans l'autre classe, les cheveux jaunes. La nuit, je préparais mes cocktails d'attouchements, de regards, de gestes pour le lendemain. Alors ses amandes perses se retourneraient sur mon cartable noir. Le froid dans les draps : ses jambes neigeuses poseraient leur peau sur le mercurochrome de mes genoux blessés. En attendant, ma main dans ma main, je serrais la sienne.

Les ombres glissaient sur les morceaux de chambre. Elles jouaient de la silhouette, prévenaient des types à couteaux. Je tremblais dans les ours. Dans le sommeil, j'étais plus conquérant, déchireur de banquises sur des drakkars pleins d'amoureuses, tueur de grands. Je caracolais sur les parapets, nourri d'horizon. Je prononçais des mots compliqués : ambigu, fiable, molécule, smic, Toulouse-Lautrec.

Lutins bleus, oiseaux bleus, poissons bleus et, d'un coup de couteau de type, la lumière qui tue tout : debout, réveil, direction l'école. Haut de pyjama, bas de pyjama. L'un rouge, l'autre bleu, le nombril blanc : les enfances sont des révolutions. Je vivais avec mon temps : Guerre du Kippour, Khmers et Mao. Allende dans les Kickers, je frappais la terre rouge poudre du

Chili. Nixon mentait, moi aussi. Les billes dans la poche, porces, verres, terres, gouttes d'eau. J'avais l'air d'une molécule.

On ramassait des feuilles mortes pour les étudier. C'était les années tiges, les années folioles, les années nervures. Je travaillais à mon lichen. Les dimanches, dans la fibrine des feuillus caduques, je prenais la pluie des années soixante-dix. Une photo retrouvée : les blouses à fermeture-éclair, les sous-pulls vert pomme. J'ai des coudières, macarons cousus. De l'encre sur les doigts parce que ça fuit. Aux commissures des lèvres, de l'encre verte que boit le buvard rose.

Dans la foule et les manèges, les favoris tapissaient les tempes. Les blousons remontaient, dans le gel bleu, le blue-jean bleu descendait, dans l'air bleu. Les hommes ressemblaient à des lutins, à des oiseaux, à des poissons.

J'étais le meilleur en français. Dans mes rédactions, des smics ambigus passaient des vacances fiables à Toulouse-Lautrec. Les mardis soir étaient libres, vierges comme des steppes. La nuit tombait moins. On en prenait un bout pour lire au lit. La peur avait disparu. Les ombres, hier sorcières et gorgones, étaient devenues rondes. Sur l'oreiller, les bouclettes s'écrasaient. Plus rien ne bougeait chez les jouets. Les capitaines de plomb dormaient, sable au fourreau dans le noir. Soldats, camions, singes borgnes, cubes sont-ils encore parmi nous quand la lumière est éteinte ?

C'était l'époque où les mardis précédaient les mercredis. Par le balcon, je voyais les jets sur les pelouses. Dehors, on criait déjà. Déguisés en fous, héros comme des dieux : le mercredi distribuait les pouvoirs. Un adoubement hebdomadaire. Jeudi matin, le champ de bataille fumerait encore sur le gazon précis. Le jeudi à tête de lundi, pissotières, buées sur les vitres. Les mathématiques à la craie. Les sonorités d'échos sous les préaux à piliers. L'écorce noire des arbres cognés par le ballon. L'écorce des souvenirs troués.

Je me souviens d'une photo de Péguy, dans le Petit

Larousse Illustré 1974. Une sorte de prêtre devant des livres. Une barbe pointue et des lunettes en lune. La calvitie d'André Gide, dans la même édition, me fascinait, son col blanc, sa cravate, ses doigts pensifs. Gide entre Gibraltar et Gien : la meilleure définition de son œuvre reste sa position dans le dictionnaire. Elle est géographique.

Le Petit Larousse Illustré 1974, avec sa couverture rouge, fut mon premier livre de chevet. Histoire de toutes les histoires. Roman de tous les romans. Seul fil conducteur, seule trame : le hasard. Je tourne les pages, Helbronner, Helder, Hélène. Hélène : princesse grecque célèbre par sa beauté, une des héroïnes de l'Iliade. Elle était la fille de Léda et la sœur de Castor et Pollux. Épouse de Ménélas, elle fut enlevée par Pâris, ce qui détermina l'expédition des Grecs contre Troie.

Hélène, je la rencontrai une première fois sous un préau. J'allais avoir douze ans. Elle jouait à la délivrance. Elle perdait des morceaux de lumière en courant. Elle portait un jean noir et un pull noir : c'était une éclipse.

Le soir de la fête de fin d'année, elle arriva deux heures après tout le monde. Elle franchit le seuil et des types s'évanouirent. Ils se mirent à boire mécaniquement, à reprendre des cacahuètes. Avant qu'Hélène n'entrât, avec quelle facilité nous étions artificiels. Mais sa présence avait bouleversé les molécules : il fallut cette fois se concentrer pour rester soi-même.

Un blond à jus d'orange me la présenta. Moi, elle, elle, moi. Et ainsi de suite jusqu'à aujourd'hui. Sa jupe était courte et elle souriait. Assise, debout, étonnée, rieuse, à jus d'orange ou reprenant des cacahuètes, je ne la quittais pas des yeux. Je me disais :

— Cette fille est fiable.

Elle serait mon amoureuse.

On parlait d'elle, qui elle était, d'où elle venait, où elle irait. Les types tentaient leur chance, enfilaient toutes les panoplies : romantiques, mais ça ne marchait pas, virils, mais ça ne marchait pas. Très vite, les déchus formèrent des clubs : ici les humiliés, là les résignés. On se fit confident, on se fit grand-frère, on se fit compagnon de route, on se fit lieutenant. À la bonne franquette pour panser les plaies.

Attristant ballet du rut. Mouches mâles en orbite autour de son aura. Et elle, ligotée au totem de sa beauté encombrante, au milieu d'une tribu prépubère et crâneuse, elle avec ses yeux de ciel, le corps reclus dans sa nature morte, et dont la moue parfois succédait à un rictus polaire. Des Sioux sur la banquise.

Quant à moi, je tentais de forcer le hasard, de tordre le cours des choses pour qu'il déviât vers elle, impromptu façonné. Parfois ses amandes perses me lançaient des poignards, le plus souvent m'ignoraient. Je durais une seconde dans sa vie.

J'entrepris de lui écrire : avec elle, pour elle, j'irais jusqu'au bout du monde, à Toulouse-Lautrec. Mes lettres restèrent sans réponse. Qu'importe, je persistai : poèmes précieux, romans gothiques, dessins bizarres, je sortais toutes les flèches de mon carquois (j'avais été Robin des Bois, d'avril 74 à juin 77). En vain.

Je retournai dans la forêt, dans les lichens, je ramassai des feuilles mortes pour le lundi. Truffes, morilles, oronges, amanites phalloïdes, mes années champignons. Tours de guet, mâchicoulis, barbacanes, meurtrières et pont-levis, mes années château fort. Je n'étais plus Robin des Bois.

Il faudrait l'appeler, se ridiculiser au téléphone, en cachette des parents, trébucher sur les mots, dans les bégaiements, les silences compliqués et les hésitations boueuses. Pour lui dire quoi ? De l'universel rapiécé, du par-cœur, ridicule.

Moi blanc et téléphone rouge. Je fais le grand numéro. Mes mains d'enfant tremblent comme un corps, l'index glisse, je dérape. Suicide. Plus qu'un tour, petit tour de manivelle pour moteur à explosion. Je ne suis plus qu'à un chiffre d'elle, une demi-révolution. Je maintiens un peu, accompagne le retour, ôte le doigt. Un bruit sec. Les combinés d'alors avaient ce côté roulette russe que n'ont plus les appareils à touches.

Premiers bips caverneux sur l'autre versant de la nuit. Je donne du sens à ces tonalités qui l'appellent, inexorablement l'appellent, trop rapprochées pour ma panique, trop espacées pour mon impatience, air de flûte mécanique chez moi et sonneries tonitruantes chez elle : c'est bien l'amour qui implore.

— Allô ?

Ça y est. Quelque chose d'elle m'appartient. Deux secondes enveloppées dans un soupir d'ondes susurrées. Elle m'a donné deux syllabes et un point d'interrogation. Je retiens son souffle. Comme un poing se referme sur l'oisillon tombé, je serre à mourir cette proie de sons inédits offerte en pâture à la collection des intimités. D'elle je possède désormais cet instant d'étonnement téléphonique pour toute la durée du monde, à jamais, et, quand le soleil rougi explosera bientôt sur l'univers, il emportera ce premier murmure d'Hélène dans les ouragans de cailloux comme une musique de politesse sur la déflagration d'Apocalypse.

— Allô ?

Bis repetita. Elle insiste. Elle me réclame. Elle me veut. Sa voix me tend les bras. Boule de sons que je laisse rouler dans le silence. Roule et dévale, abolie, jusqu'à ce que ce silence doucement signifie, pierre qui roule amassant du sens, roule et dévale, et devienne inquiétude.

— Allô ?

Ses inflexions flûtées se paralysent, la peur flotte, ronge l'espace. Plus rien ne la love Hélène qu'une cosse de mystère neuf, tendue à la frayeur vers l'inconnu. Son timbre voilé se fond dans sa propre intonation, l'écho mue, c'est une parole aphone qui respire comme une menace.

— C'est Nestor ?

2

Nestor raccrocha. Elle ne saurait jamais. Il eut honte de sa lâcheté. Il lui fallait pourtant agir.

— Gant Bleu ne reste jamais sur un échec, décréta-t-il, hautain et plein de souffrance.

Il se rendit à l'école, flâna dans les couloirs tristes saturés d'affiches. Il s'approcha d'un panneau sur lequel étaient punaisées des photos de la dernière classe de mer. Il s'attarda sur les maillots de bain qui serraient les rondeurs des filles mouillées. Le choc, deux photos d'elle : Hélène hilare sur bleu de piscine, il arracha, Hélène hanchue sur jour de lait, il arracha.

Elle, en bikini, cachée dans son pantalon à lui. La belle Hélène, son eau qui mouille, cette eau d'elle qui le trempait. Ces photos d'été dans l'hiver méchant. Et quand les blonds à jus d'orange, les moléculaires et les smicards de Toulouse-Lautrec lui demanderaient, sûrs de sa défaite, où Nestor en est avec Hélène, il répondrait : *c'est dans la poche.*

Son corps en portefeuille, comme on le dit d'un lit.

— Notre futur lit conjugal.

Dans sa poche. Enfin il allait pouvoir être un peu seul avec elle, lui faire partager sa vie. En couleurs et en amoureux.

Heureux, Nestor arpenta cinq étages, puis s'enferma dans sa chambre. Barricadé, il la dévora des yeux. Mais il était tard, déjà : il la coucha dans les draps lisses d'une enveloppe blanche, afin qu'elle ne prît point froid. Une fois au lit, des bikinis plein les yeux, il arracha de son gant bleu trois larmes de lait à l'ironie de la solitude.

Il ronfla, gargouilla, et pensa à Hélène-en-maillot-de-bain-l'été-sur-les-photos. Au premier cri du jour, il vérifia l'enveloppe : son amoureuse n'avait pas bougé. Là toujours, à lui offerte. Ils prirent leur petit déjeuner vers neuf heures. Tout bien préparé par maman. Chocolat au lait, pour lui, et, pour elle, thé à l'eau de piscine bleue. Tous les deux, en tête-à-tête, Hélène en deux exemplaires, appuyée contre la boîte de corn flakes.

Ils parlèrent de mer, de récré et d'avenir. De leur petit couple un peu inhabituel. Qu'elle était belle au lever, se répétait Nestor, quand la plupart des filles ont le matin hideux, en boudin dans leurs cernes et leur pâleur abrutie chargée d'haleine. Elle, non. Égale, toujours, à elle-même : éternelle et trônante, plus subtile que la veille, plus vanille et plus lait, plus jour et plus bleu de piscine. Ils prirent leur premier bain ensemble. Elle ne voulut pas de mousse. Ils rigolèrent bien.

3

Rentrée scolaire. Nestor sera cette année dans la même classe qu'Hélène. Un signe des dieux. Le ciel noyé de septembre, sa pâleur dans les yeux de Nestor. Il les plisse et son sourcil de caverne frémit comme un buisson de charbon sous le vent du collège. Il est porteur de lumière.

Des têtes tout autour de lui, des jeunes têtes qui rient, qui bougent dans une pluie enchantée de cris tels les pans agités de la récréation boréale. Il écoute Michel Polnareff sur son walkman. Nestor sent que Nestor flotte dans un quadrille avec Hélène, la cavalière aux yeux en amande dont la bouche est une figue écrasée au stylet.

— Un fruit rouge, dit-il, avec dans la tête ce visage de la classe d'anglais.

Le professeur a posé une question et Hélène connaissait le mot : *eyebrows*. Elle a levé son petit doigt long et fin, blanc comme un petit cierge, petit cierge pour petite sainte, petite sainte à mourir sous l'étouffoir des couvertures d'enfant les nuits où Nestor donne ses coups de pied aux draps.

Elle connaissait *eyebrows* et lui ne savait pas. Elle pouvait dire dans la langue de Shakespeare la caverne buissonneuse qui lui faisait à lui le regard têtu et gourmé. Peut-être parce que ses sourcils à elle étaient si bien dessinés. Orbe belle chez elle et chez lui chapeau méchant. C'est pour ça qu'elle savait et qu'il ne savait pas : d'emblée plus haute que lui, il fallait qu'elle le happât et il fut happé.

Hélène monte dans le 63 qui la déposera rue de la Vigne où l'attendent son goûter et son thème-version. Rue de la Vigne et vendanges du ciel, *gloria in excelsis Deo* sous le buisson ardent de ses *eyebrows,* rentrant de la classe d'anglais. Rue de la Vigne et vendanges du ciel : derrière l'autobus emportant Hélène en sa vareuse, battu par l'averse, ganté de bleu, courbé sur sa mobylette intrépide, lui, Nestor, fronçant l'œil, avalant la route sans faillir dans la rectitude fend-la-bise des noires obstinations, s'accommodant lui-même à la sauce grand veneur, il dit :

— Je chasse Hélène.

Et puis aussi :

— Je m'appelle Gant Bleu.

Et ainsi chassant et Gant Bleu nommé, il pétarade dans Montargis.

La pluie qui le fouette et qui le gèle et qui le transperce de part en part ne peut assagir le froncement nietzschéen de ses *eyebrows* obstinés comme deux poissons méchants dans le bocal de ses lunettes de motard, et son casque borné est un cimier de preux qui déroule dans son sillage de gerbes d'eau le panache bleu imaginaire d'une écharpe d'écolier.

Dans la lumière froide et scintillante à l'intérieur du bus, et qu'on allume quand la nuit tombe, vibre une forme floue aux longs cheveux qui balance au gré des virages marins. Dans le sillage filant, comme esquif talonnant, encordé raide à la poupe d'une pimpante goélette qui s'enfoncerait dans la nuit des terres, lui, sourcilleux, polnareffien, pétaradant, gantbleuté, *hélénique* : Nestor.

Et il répétait inlassablement :

— Je m'appelle Gant Bleu.

Et puis :

— Mon épopée.

Au dernier virage, apercevant en un ultime éclair de

longs cheveux droits dans le carré renversé d'un bus qui pirouette, et sentant que sous les roues de son destrier magnifique à lui la piste aux étoiles se dérobait, l'herbe grasse et gorgée de pluie d'un bas-côté vint l'accueillir avec sa dernière image attrapée.

Il laissa dans le pré sa mobylette abîmée et rentra sous l'averse froide en pensant à la chaleur des draps où se répandrait ce soir, comme une fleur déclosant, le soleil d'une chevelure châtain.

Rentré chez lui ruisselant, il mouilla le tapis familial où rampait un serpent vert tissé, fut grondé et n'attrapa pas mal. Il n'attraperait jamais mal tant à la queue des comètes la chevelure d'Hélène, longtemps, l'on verrait. Et puis surtout, à ses arrière-petits-enfants, Nestor raconterait ce qui suit. L'histoire du Zouave, et tout le reste. Car ici commence la véritable épopée de Gant Bleu.

4

Les berges passent, tendres et silencieuses. Gris comme la poudre de canon d'Iéna, le ciel de l'hiver dore les vieilles pierres au plomb. Du bateau-mouche, on voit des Louvre qui passent comme des serpents de pierre de taille sur le ferme, des remparts côtiers.

Les enfants de la classe regardent de tous leurs yeux, ne sachant où offrir leur ébahissement de petits découvreurs fluviatiles, aux poternes des Châtelet, au tangage balançoire maman du grand bateau qui va sur l'eau a-t-il des jambes.

Au milieu des rires de bonheur lâchés, lâchés comme des pépiements de trouille d'oiseau, Nestor se sent séquane et monumental, et monte en lui la fièvre de paraître et de décréter des pauses qui est devenue chez lui l'apanage de Gant Bleu, Celui qu'il est quand il veut plaire.

Nestor regarde Hélène derrière lui qui regarde le tablier d'un pont comme si c'était le sarrau de cuir de

Vulcain, un grand frère qui lui aurait forgé des armes pour Enée.

L'Alma, voilà le pont, et déjà, Nestor sent la musique chaussée de crêpe d'un troupeau d'éléphants furieux qui martèle le pont du bateau : ses Kickers à éperons. Elles l'entraînent dans l'allée centrale de la nef mouche où il cavale en lançant de braves coups d'œil à Hélène. Le voilà ganté dans sa petite crise fanfaronne.

Le pont résonne, les Kickers font danser Nestor l'intéressant au-dessus des poissons du fleuve, il avale sept lieues de la poupe à la proue, hein Hélène, et que je te jette un bref coup d'œil encore.

— Veux-tu cesser de faire le zouave !

La prof a grondé quand le ciel s'est obscurci sur la Seine et le jour statufié au passage fugitif de l'image d'un grand frérot du Maroc en pierre, les pieds marins et la culotte bouffante.

Le soir du voyage de classe à Paris, Nestor n'est pas rentré à Montargis. Derrière un kiosque à journaux dans la gare, il a agité un mouchoir pour Hélène lorsque le train est parti.

Son oncle et sa tante habitent rue du Plâtre. Dans un album posé sur la table de la cuisine, Nestor attarde la digestion du dessert de tati sur l'image du plus beau monument de Paris, page 146 : c'est un homme des sables qui a les pieds dans l'eau et qu'on a mis à guetter avec son fusil sur un pilier du pont de l'Alma. Nestor monte se coucher dans les draps parisiens des combles chauds sous la lucarne aux étoiles.

Dans un rêve de la nuit, il déboulonne des noix en haut de cocotiers. Et lui revient : « je veux ta tête », lui revient le souvenir d'un « je veux ta tête » qu'il avait pensé si fort en classe de sciences naturelles, regardant le visage d'Hélène comme terre à gouverner.

Les rêves survivent aux réveils assassins. Le nez dans le chocolat, les yeux sur l'album page 146, Nestor pense « je veux ta tête » en regardant un masque de granit aux traits berbères, comme terre à gouverner. Sous des auspices cacaotés, le hasard s'est réuni pour décréter que par la nestorienne volonté d'un matin d'avril sécheur de cours, le Zouave du pont de l'Alma aurait la tête déboulonnée au nom du peuple des songes, ainsi soit-il. Et en pensant « moi couper tête » dans l'odeur de croissant chaud d'une petite cuisine de Paris, un sourire de merveille s'épanouit comme un sucre qui fond sur sa bouille de clown aux yeux rêveurs grimée de lipstick au chocolat Poulain.

— Je lancerai mes troupes à l'assaut de la statue. C'est moi le chef.

Dans l'appentis de l'oncle, il y a un marteau et un burin. Les armes d'Enée forgées par tonton, Vulcain avunculaire, pour travailler le bois et faire de la petite menuiserie du dimanche, de l'œuvrette de ramasse-copeaux. C'en est fini de cette destination première et minable. Les amis marteau et burin vont être appelés à une tâche plus haute. Servir la divine volonté de Nestor pour décoller la tête d'un Zouave centenaire.

En marchant vers l'Étoile, échappé du lit chaud à trois heures du matin, Nestor parle à son marteau. Il lui raconte les sables jaunes et les pirates berbères, les lions d'Algérie et le temps du Bey, les canonnades et la capture d'Abd-el-Kader. Dans ses mains d'enfant, le marteau pèse, il comprend le Maghreb, il s'enfle de l'envie de casser du bistre, dirait-on. Sous l'Arc de Triomphe, Nestor est une petite étoile moricaude, grosse comme une tête d'épingle, les poings sur les hanches, prêt à enfiler l'avenue d'Iéna comme l'autre Nain vers Arcole. Son pont à lui, son pont-à-l'âne sécheur de cours et massacreur d'architecture. Il est Gant Bleu à nouveau, tendre et magnifique de violence, un marteau et un burin dans les poches. L'avenue d'Iéna, hop, avalée comme une victoire par le galop de ses Kickers. En débouchant sur le quai de la Seine, le voilà plein d'omnipotence. Gant Bleu, massant ses légions et serrant ses petits poings au fond des poches trouées, traverse la rue, franchit le pont, se penche et plonge son regard là où l'eau coule. Plus bas, un sommet de calot, deux épaulettes, des pieds qui dépassent comme deux oreilles du calot et puis, tout autour, un ondoiement lisse et jaune. La tête est là, sous le calot sur les flots, et Nestor en trépigne, tape des pieds, tapedoupaïe, ainsi qu'on le dit dans sa Bretagne natale. Tape des pieds sur le pont de l'Alma, faut m'enlever ça, cette tête qui dure, et l'offrir.

Au milieu de la nuit pleine de solitude, Nestor gambade du pont à la berge, prend la mesure de la tête sur le corps, sous tous les angles, comme on affûte une hache. Au fond de sa poche, le marteau et le burin aussi se mettent à danser. Tantôt le pont, tantôt la berge, et tantôt le Zouave en cap, tantôt la soucoupe du calot. Nestor s'arrête au-dessus de lui, angelot rigolard des nuages au-dessus des grands de ce monde. Une petite flamme brille dans son regard-grimace comme à chaque fois qu'il décrète : « Peine capitale pour Zouave de Paris. »

Et ainsi soit-il, soir après soir, enveloppé de noir, comme un petit singe en haut d'un cocotier, Nestor culotté-vandale s'escrime à faire tomber une vieille noix culottée-berbère. Il la caresse et l'entame, joue du burin en lui parlant doucement à l'oreille, lui prend la tête, dure du nez et dure de la feuille, en lui disant « je veux ta tête » et « vlan » et « je vais te déboulonner ma vieille noix ».

Sur la Seine, une tête va tomber. Va, va, va la tête tomber sous les coups redoublés d'un petit cancre. Comme les Gardes de sa Majesté, à Londres, qui ne cillent pas quand les enfants leur tirent la langue et leur pissent sur les bottes, la tête du soldat de Louis-Philippe ne bronche pas sous l'outrage dispensé. Sans cesse plus fin du cou, quasi déboulonné, il est là, pour ainsi dire posé sur un plateau, poire Belle-Hélène, fruit royal coupé, à la fois sublime et humilié, c'est-à-dire abruti d'une absolue majesté et reposant sur une queue de pomme.

Nestor décroche la lune pour Hélène, lui parle et la tabasse, vieille noix, lui redisant « je veux ta tête » et l'appelant « Cocoboulon ».

Le jour, dans l'appentis de l'oncle qui ne sait rien, il construit un petit radeau avec des planches, une sorte de coupe de fruits pour recueillir une tête bien mûre. La nuit, le Zouave commence à dodeliner du chef, on dirait qu'il a sommeil, il regarde de plus en plus ses bottes et sa culotte de peau dans une inclinaison soumise de la tête. C'est que la nuit, à coups de burin, un petit lutin amoureux lui rabat son caquet du Maroc. C'est ainsi que s'efface le souvenir glorieux de 1854. La tête roulera au bas de la montagne.

« Mais suivez l'officier de garde dans sa ronde, écrit Engels, et malgré l'obscurité il vous fera distinguer sur la pente même de cette colline un zouave couché à plat ventre tout prêt du sommet qui le cache, l'œil au guet, le doigt sur la détente. Un feu s'est allumé au milieu de ce sentier qui traverse un bois, et qu'un petit poste occupait pendant le jour. Mais le poste n'est plus là. Cependant, le maraudeur, l'ennemi qui s'approche du camp pour tenter un vol ou une surprise, s'éloigne avec précaution de cette flamme autour de laquelle il suppose les Français endormis, il se jette dans le bois et il y tombe sous les baïonnettes des zouaves embusqués qui le frappent sans bruit. »

Le dernier soir, la tête gémit avec un bruit sec et agaçant de girouette. L'aigre son monte aux oreilles de Nestor comme la musique d'un dévoilement : sous les oripeaux de mâle gloire, le mousquet et le calot martial, la voix grincheuse et fluette expectorée d'un cœur rouillé : les héros sont fatigués, ils ressemblent à de vieilles chouettes qui cassent comme des branches couvertes de givre.

La tête roule, rebondit sur le ceinturon qui s'écaille, et tombe sans un rebond sur les cinq planches en chêne du petit radeau. La tête héroïque tournicote et voilà le radeau de la Méduse. Nestor descend le long du grand corps étourdi dont les bras regardent au loin. Le reste du Zouave étêté se dote d'une vie propre, c'est le canard sans tête qui court de plus belle, le voilà qui semble danser dans son immobilité, fantasia sur piédestal, cette absence de tête libère le mouvement scellé dans les formes. Il n'a jamais été guerrier, fanfaron peut-être, odalisque à en croire ses hanches, eunuque tout à fait. Par un échange de forces mystérieux, c'est la tête sur le radeau qui s'est gonflée de fusils et d'oriflamme, sa bouche impétueuse et son nez conquérant, agitée par le flux de la Seine, on la dirait vouloir revoir du désert, elle trépigne des oreilles, elle prend des expressions de colère figée, elle frime du calot, tout dans la pierre.

Nestor l'enserre, la tête, gros œuf chauve, il lui dit de ne pas plonger dans l'eau comme le saumon furieux qui voudrait remonter le courant vers son nid, et, pour l'apaiser, il lui dit « Cocoboulon » et « Frérot » et « Holopherne ». En descendant le fleuve sur cent mètres, accroché à sa tête comme à une ancre flottante, il l'appelle Holopherne, et si ça ne suffit pas à calmer l'ardeur têtue, il lui donne d'un familier « Holo, mon Holo ».

Mais Caboche est plus glissante qu'un œuf au savon entre les bras de Nestor, une fois c'est son nez qui s'agite, une fois c'est son menton, on dirait qu'elle vit par ses vestibules et qu'elle parle par le nez, souffle des oreilles. Est-ce la poussière des vieilles pierres fourbues qui sort, ou le murmure des sables comme il s'en échappe des conques marines ramassées sur les rivages de Méditerranée ? Nestor est là, petit marin emberlificoté au cabestan des preuves d'amour les plus iconoclastes, et il comprend le chant de la tête qui lui dit : « savez-vous planter les choux, à la mode, à la mode... » Et Nestor lui répond alors que s'annonce la berge où attend la voiture volée :

— Je te planterai, Cocoboulon, dans le jardin d'Hélène, comme les oignons des tulipes à Mémé !

La berge, le choc mou du radeau contre la pierre couverte de mousse. Tête de Zouave ficelée, ho hisse moussaillon, halez dur. Tête sur la berge, déficelée, cadeau pour Hélène. Et plus tard, après maints efforts surhumains, devant lesquels ne saurait reculer la volonté de Gant Bleu, scrogneugneu, oh tu es lourde ma grosse tête, hop, dans la voiture. Voilà une tête de Berbère contre un dossier en cuir, la place du Maure. Paris, les lumières, les à-coups de l'auto mal conduite, et à chaque fois, Cocoboulon qui acquiesce, qui a le hoquet, qui dit non, qui lève les yeux au ciel, qui se retourne curieux, qui pique du nez pompette, ou saute de joie.

— Mon Holo, tu t'amuses, hein ?

Caboche copilote voyage. Droite comme un Pape dans la clarté du soleil qui monte sur les champs, une tête derrière des vitres fumées fonce à travers Beauce, on dirait le profil d'un guetteur de l'Île de Pâques avec des lunettes de soleil, très star, voituré, renversé sur son siège, une oreille énorme et un gigantesque calot dépasse de la portière comme le dos d'une baleine qui sort de l'eau. C'est Cocoboulon qui fait du cent à l'heure. Sa gueule en biais posée sur le dossier de cuir, on dirait qu'il dresse l'oreille pour écouter quelque chose. Nestor allume l'autoradio. Soudain, dans la voiture, éclatent les sanglots de Michel Polnareff.

— Écoute mon Holo, c'est la petite musique d'Hélène, ses sandales jouent ça quand elle marche sur le gravier et qu'elle est derrière moi.

Et ce disant, Nestor lui passe le bras autour du cou. Coup de volant, rétablissement, ça swingue dans l'habitacle, et puis la tête se stabilise, le bal est fini. Les champs apparaissent dehors, verts et juteux, où paissent des vaches noir-et-blanc, avec dans le ciel des nuages qui stagnent.

À l'intérieur, Michel Polnareff devient veillée de Noël, un rock à pleurer. Nestor au volant se colore en vieux monsieur qui songe et la tête du Zouave, figée, sans aucun mouvement, le regard buté, embrasse le paysage avec l'hypocrisie d'un œil qui ne fixerait en fait que la mouche écrasée sur le pare-brise.

Les gens sur le bord des trottoirs. Ils regardent la scène de théâtre qui se joue sans mouvement derrière le pare-brise de la voiture de Nestor : à droite, un lutin hirsute agrippé au volant, et à gauche, deux yeux ébahis énormes et une bouche qui cherche de l'air au-dessus du tableau de bord comme si elle se noyait dans un verre d'eau.

— Cocoboulon, maison, dit Nestor.

La voiture s'arrête rue de la Vigne. En descendant derrière les toits des pavillons, le soleil allume les fenêtres en rouge. Veillées montargoises à couleur de braise. Cocoboulon sur le trottoir de Montargis est un ballon de l'espace pour les gosses du quartier. Nestor le roule et le pousse, lui écrase le nez le calot le menton, le nez le calot le menton, le nez le calot le menton, et roule Cocoboulon le long du 5, et du 7, et voilà le 9, rue de la Vigne.

Il commence à pleuvoir. Les vendanges du ciel se préparent. Nestor ouvre la petite porte basse en bois qui donne dans le jardin. Sur la pelouse, Cocoboulon laisse un sillage d'herbe couchée. Les marguerites font la révérence comme les gentianes écrasées d'humilité. Le Zouave du pont de l'Alma a le nez dans les pâquerettes et de l'herbe dans les oreilles. Ça le fâche, il est très *faenum habet in cornu,* sa pierre qui roule repasse la mousse des bords de la pelouse.

Nestor s'arrête de pousser son gros caillou parce qu'ils sont arrivés au milieu du jardin. De travers, planté dans l'herbe, le calot en bataille sur fond de bouleaux, un peu bougonne, la grosse tête champignon semble dire « ça par exemple ! » en lançant une œillade de granit à la maison d'Hélène. « Ça par exemple ! » sans plus de bras ni de poings pour les coller aux hanches dans le mouvement de la colère. Cocoboulon nain de jardin, schtroumpf des montagnes de Kabylie, façon grincheux et pas content d'être là.

— Tu boudes, Cocoboulon ? lui demande Nestor en flattant son souvenir d'encolure.

Et, dans la lumière que peint le couchant sur toutes choses de la rue de la Vigne à Montargis en France, on dirait vraiment la tête d'un vrai zouave qui sortirait de sables mouvants couleur émeraude. En partant, Nestor laisse un petit bout de papier au pied de la tête. Dessus, il a écrit à l'intention d'Hélène : *Lui, c'est Cocoboulon.*

Comme un voleur, Nestor s'enfuit. Toute la nuit et toute la journée de demain, la tête travaillera pour lui.

Bombe à retardement pour le moment où des yeux la verront. Se retournant une fois passé le portail de bois, il la regarde longuement. La tête est enfoncée dans le sol spongieux comme une météorite tombée dans une prairie verdoyante, elle fulmine, Nestor le sent. Il le sent à une curieuse façon qu'ont les fleurs de se tenir et à trois notes poussées par un oiseau à ce moment-là.

Nestor s'en va par les rues vides dans le dédale des pâtés de maisons plats avec jardinet. Il va chercher sa bleue pelisse dans la voiture. Il la pose sur ses épaules, elle flotte au vent mouillé. Il va rentrer à travers champs. Bercail, pluie.

Les champs. Ils luisent d'une lumière grise dans le soir tombé tout à fait. Les herbes folles ont le vert des mares les plus enfouies dans l'ombre. Bossué par la mélancolie cendreuse qu'irradient les champs endormis, Nestor glisse en pelisse dans les herbes mouvantes peignées par la nuit. Tant de fatigue a nui à ce petit corps déchirant, fût-il ganté de bleu. Il marche comme un pierrot au milieu des centaurées et des joubarbes. Il est si fragile que l'humidité qui pèse sur les feuilles de la mercuriale vivace lui est un poids sur les épaules. Les champs suivent les champs, et les champs la vase bleue où poussent la cinéraire et les reines-des-prés. Les delphiniums pleuvent la pluie du ciel quand il passe et il arrache leurs fleurs aux épervières, qu'il contemple longuement pour en inventer la couleur qu'elles ont quand il fait jour. Les pétales sont gris, et son impuissance se déploie à sa conscience en ce moment détendu d'herbe, et il pèse toute la dérision de faire réciter ses poèmes amoureux par une tête de pierre qui boude.

— J'ai tout raté, dit-il, j'ai gâché ses plates-bandes, j'ai fait un trou dans sa pelouse, et en plus Cocoboulon va lui faire des grimaces.

Les champs. Un chemin. Une lumière au bout d'un terrain, une fenêtre, jaune, de la lumière dans cette lumière aperçue, c'est la cuisine. Le jardin derrière la maison, il donne sur un terrain en friche. Nestor y marche, il vient de derrière le terrain en friche de sa vie pour rentrer dans les bras lumineux et cuisiniers de maman, de papa. Porte poussée. Ça brille et c'est jaune au-dessus de la nappe à damiers. Comme dans un bocal d'eau de mer éclairé par-derrière. Ça sent le potage. La pelisse tombe sur le carrelage. Elle est bleue.

5

Il arriva une autre fois que Messire Nestor, si amateur d'amour et toujours expert en fait de panache, pénétra dans une librairie. Elle était située dans une galerie marchande et contenait à foison romans et études, livres d'art et manuels, essais et biographies. La maison était bien pourvue. De Molière et de Corneille on avait garni les étagères. Il y avait là de tout : littérature étrangère, poésie et science-fiction. Nestor vadrouilla dans les rayons.

Comme si ce fût pour son seul plaisir. Son petit poing bleu était refermé sur un gros feutre noir pointu. Entouré de livres, de livres partout. Et Nestor se dirige du côté de Corneille, tout doucement, le menton bas. Tout droit il s'en vint vers la pile de *Cid*. Nestor était grand lecteur, mais le plaisir d'écriture est tel qu'il ne résiste pas à la tentation : il ne veut pas manquer l'hommage. Il s'est accroupi dans une allée avec tous les exemplaires du *Cid* que compte l'endroit, il se trémousse fort, et, sans cesse, tourne le cou.

Nestor se souvient. Le professeur avait dit :

— Nous étudierons *Le Cid*.

Dans telle édition. Une de poche, classique — les petits classiques Bordas, qu'on plie si bien, avec photos noir et blanc. Hélène étudierait donc *Le Cid*. Petite logique que j'aime bien, avait rigolé Nestor dans les longues moustaches en faucille dont il nantirait un jour sa frimousse devenue gueule. D'où l'idée, géniale idée : dédicacer tous les volumes à sa belle. Dans toutes les librairies de la ville. Il n'y en avait que trois. Facile. Et une grande surface à la sortie de Montargis, vers l'autoroute. Il s'y rendrait par grand vent ou méchante neige, mais s'y rendrait sur son alezan teuf-teuf, pouet-pouet monture motorisée de cow-boy cornélien. Don Rodrigue. Va, Nestor, je ne te hais point. Il irait donc.

Mais Nestor, le génie des génies des héros des héros, le plus fort du monde s'il en fut, n'avait point prévu que Petite Hélène avait déjà le livre chez elle :

— Tiens, lui avait dit son frère, j'avais souligné des passages au crayon à papier, tu n'auras qu'à les gommer... Il n'est plus tout neuf... Tu peux le garder...

Un Curiace, celui-là. Et Nesthorace, ridicule, en classe de français :

— Madame, madame, je comprends pas, sur mon livre tout neuf que j'ai acheté dans la collection que vous avez dit, y a marqué un truc au feutre... avait crié l'obèse Benoît.

— Moi aussi, m'dame... avait renchéri Mayrita.

— Moi aussi... s'était exclamée, en écho, la jeune Minouche.

— Moi...

Et Wilfrid, Isabelle, Coquelicot, Jean-Pierre, Valérie, Hugues, Maurice, Laure, Géraldine, Christophe, Eddy, Francine, Peter, Lancelotte, Suzy, Fatima, Marie-Lorraine, Agnès, Juan, Marc Aurèle, Auguste, Louise, Thomas, Nicolas, Julie, René, Pascal, Amélie, Clarisse, l'autre Marc Aurèle, Jean-Paul, Micheline, Francis, Gilles, Sophie, Jean-Michel, Jean-Pierre, l'autre Lancelotte, Richard, Manfred, Luce, Xavier, Cécile, Angelika (elle devait plus tard mourir d'une leucémie), Samson, Jean, Manfred, Évelyne, Béatrice, Catherine, Alban, Martine, Igor, Peggy, Stéphane et l'autre Coquelicot, tous pouvaient lire sur leur exemplaire du *Cid* : *À Hélène, celle que j'aime et qui sera ma femme. Nestor.*

6

Nestor aime écrire à Hélène. D'ailleurs, il passe ses journées à ça. Mais Hélène ne répond jamais. On dit alors qu'Hélène s'en fout. Pourtant, Nestor a tout essayé pour la faire réagir.

Le style macho :

Salut Hélène !

Les filles m'appellent « le roc », et tu imagines bien que c'est pas pour des prunes. Je passe te prendre samedi à huit heures. Je klaxonnerai une fois. Pas deux.

Le style timide :

Chère Hélène,

Je t'aime bien mais je n'ose pas te le dire. C'est pourquoi cette lettre n'est pas signée.

NB : je suis dans la même classe que toi.

Le style hypocrite :

Chère Hélène,

Excuse-moi de t'embêter, mais j'ai perdu dans le bus tous mes cours d'histoire-géo. Comme je sais que tu as hyper-bien pris les cours (du moins je le suppose, car tes notes de cette année sont carrément impressionnantes), je te demande la permission (mais si tu refuses, ce n'est pas grave, je demanderai à quelqu'un d'autre) de passer chez toi pour les chercher, ce qui me fera en plus une occasion (privilégiée) de te revoir dans un cadre plus sympa que celui de la salle de classe ou de la cantine.

À bientôt, j'espère, merci mille fois, amitiés sincères.

Le style faux parano complexé :

Chère Hélène,

Vu ma gueule, il est évident que tu ne voudrais même pas de moi pour réparer tes toilettes quand elles débordent. Je ne t'en veux pas, de toute façon ça n'a aucune importance : il serait anormal que tu daignes t'intéresser à une erreur génétique telle que moi.

Mais ce n'est pas parce que personne ne m'aime que je t'écris. Non, je t'écris pour te dire que si j'étais moins laid et plus intelligent (je veux dire : moins bête), je t'écrirais sans doute pour te dire que je t'aime... Mais les ablettes n'ont pas droit à l'amour.

Adieu.

Le style prétentieux :

Hélène,
Mardi. 18 heures. Place Gambetta.

7

Gentil coquelicot Mesdames
Gentil coquelicot Messieurs

Soudain une porte claqua dans la végétation. Regardant à travers la fenêtre de la salle à manger, elle le vit qui était là dans le jardin, prenant tout l'espace, droit comme un clown électrique. Elle le vit dans son jardin à elle devenu le jardin-autour-de-Nestor-qui-était-là. Première horreur de gamine :

— Maman ! Nestor est dans le jardin !

Épouvantail cucul magnifique intolérable hors-la-loi, il était là, la bouille traversée de sourire, horticole, maladroit sous ses sourcils anglais, ses deux pieds boutures plantés dans le gazon. Il était là, copain avec les bouleaux, là comme on dit « toujours là ». À travers la fenêtre, telle la silhouette isolée d'un seul arbre sur la colline embrasée, il se tenait là, présence dans le jardin, quelqu'un dans le jardin de l'Hespéride, Nestor sur la pelouse déflorée de papa-maman. Et du dehors, *depuis les lilas,* il regardait *à l'intérieur* de la maison.

Le courant d'air déguisé en feuille qui pénétra ce midi-là, malgré la fenêtre bien fermée, dans la salle à manger, sentait l'alcool des hôpitaux. La main sur les yeux, Hélène s'enfuit dans sa chambre en hurlant. Elle appelait au secours, mais ses parents n'arrivaient pas.

Rue de la Vigne et vendanges du ciel. Gant Bleu déjà court sur la vigne vierge et rigole sur le toit. Père Noël et tout permis, il trouve une cheminée en ce vasistas ouvert de salle de bain. Il part distribuer ses cadeaux. Hélène entend le tonnerre des pas sur le plafond de sa chambre. C'est lui qui roule à elle et dégringole dans les serviettes et les parfums, là-haut, au ciel des bains coulés et des mousses au bonbon. Nestor violeur de paradis, de douceur innocente, rugit brodequins boueux dans les shampooings au tilleul et les arômes de lait de rosée. Crevant la menthe et les bulles, les mains bleues de gants et le front plein d'aventure, il s'achemine.

Sa petite belle l'attend, gentille et coquelicot. Il ne lui veut aucun mal. Juste lui donner sa vie et une cassette de Michel Polnareff.

Et puis lui dire les cañons fous qui perdurent loin des vignes, le vol fervent des aigles sur l'amont des couchants, et l'appétit de la lune à l'heure des fantômes. Lui dire enfin que les récréations sont trop courtes pour trouver les mots. Sa petite belle hurle et pleure dans les poupées. Il ouvre la porte rose.

Elle était terrorisée. Brandit un bouclier de peluches.

— Je vais le dire à mes parents ! Tu n'as rien à faire là ! Je vais hurler et tout le quartier m'entendra ! Tu n'as rien à faire ici ! C'est chez moi ! Va-t'en ! Va-t'en ! Tu me fais peur !

Et elle se mit à pleurer.

— Mais va-t'en, je te dis, va-t'en... Tu me fais peur... Tu me fais peur...

Elle se jeta sur sa couette, petit projectile en pleurs, entre deux babars mous, et sanglota de plus belle, étouffant ses suppliques. Elle répétait « va-t'en », encore et encore, à bout de nerfs.

Paralysé, ému, Nestor ne comprenait pas.

— Je suis venu te délivrer des parents, dit-il. Et puis t'offrir une cassette de Michel Polnareff. Avec les meilleurs morceaux. Je les ai sélectionnés pour toi. C'est une compilation maison.

Mais les doux-mots du petit justicier étaient recouverts par les hurlements redoublés d'Hélène.

— On ne peut jamais vraiment bien se parler en classe... On dirait que tu ne veux pas me parler... Et puis aux récrés, tu es toujours avec tes copines... Je crois qu'elles ne m'aiment pas.

Hélène n'est qu'hystérie, supplications étouffées dans les éléphants de peluche, crie, crie, folle.

— Je t'ai écrit un poème, ce matin, en géo. Je vais te le lire...

Nestor tire de sa poche une feuille petit format à grands carreaux. Arrachée d'un cahier d'exercices. De maths. Hélène hurle. Nestor lit :

Mon cœur est doux sur les lys
Il pense à toi sous la pluie
Et ton parfum de réglisse
Me fait pleurer dans la nuit

Et Nestor dit : l'important n'est pas de publier. C'est de créer. Mes premières cigarettes, je les ai fumées en vers : j'écrivais mes poèmes pour toi sur le papier filtre, je roulais, je fumais. Je te fumais ma Hélène. J'avais l'air d'un homme et d'un vrai. Il fallait voir les postures. Muscle et prouesse. Pur Gant Bleu.

Elle pleure toujours. Nestor désigne un lapin bleu.

— Comment s'appelle ton lapin, dis ?

Petite reine ne répond pas. Mais ses sanglots cessent.

— Il a l'air sympathique. Et puis j'aime le bleu. Vois comme mes gants sont bleus.

Elle le dévisage, rougie de larmes, belle et salée, hirsute-sauvage, déballée. Renifle. Arrache Lapinos des yeux du fou.

— C'est pas ton lapin. C'est mon.

Il pose la cassette sur la table de nuit.

— Il aimera Michel Polnareff. Il y a des refrains qui font pleurer. Tu aimeras aussi. Je t'aime.

— Moi je ne t'aime pas... Et puis tu me fais peur... J'ai dit à ma mère que tu m'embêtais... Je vais lui dire que tu es venu... Ça sera dit dit et redit à ma mère et à mon père ce soir quand ils rentreront ! Et pis à mon frère qui te cassera la figure !

— Nous allons nous marier, tu sais... glissa Nestor.

Il ne vit pas l'ombre adulte derrière lui qu'Hélène vit. Soulagée fillette. Papa était là, bien sévère et le regard assassin. Il croisait les bras, impatient de découvrir la suite.

— Je suis le plus fort de la classe et même les secondes me connaissent. J'ai des pouvoirs magiques. Ma mère dit que je suis très intelligent. Et des voix me réveillent la nuit. Elles répètent que tu veux me voir parce que tu m'aimes. Tu es mon amoureuse. Tu es fiable.

— Va raconter ça à mon père si tu es si fort que ça...

— Ton père, rigola Nestor, ton père ? Laisse-moi rire ! Il peut venir. Mais c'est à lui qu'il faudra du courage. On dit qu'il me craint. Ça se voit tout de suite. Quand il vient te chercher le samedi midi, à l'école, il baisse les yeux dès qu'il me voit. C'est un lâche. Tu mérites mieux qu'un père comme ça. Mes parents disent de toute façon que c'est un socialiste. Alors t'as qu'à voir... Un père socialiste ça peut pas me faire peur d'abord... Tu ferais mieux de venir habiter chez moi. Il y a de la place dans ma chambre. Tu pourrais venir avec ton lapin. On écouterait Michel Polnareff.

Nestor, voulant donner panache à son propos, virevolte poing-levé, tribun dans sa gloire. Aperçoit la masse, derrière lui. Sombre et drue, immense. Méchant chêne. Bourru géant type. Surprise-papa. À cette vue, le cœur de Gant Bleu se gonfle, ses yeux se mouillent.

— Monsieur Papa, geint Nestor d'une voix suppliante, je vous crie merci. Je sais que dans ces lieux privés, vous pouvez me faire honte et préjudice. Mais je ne me souviens pas avoir jamais offensé votre fille. Je ne suis point céans sur mon initiative, c'est elle qui m'a invité à la suivre. J'eus beau la supplier de s'en défendre, elle me répondit par des menaces, si bien que la voyant prête à me faire un mauvais parti, j'allais justement me sauver par un petit sentier couvert que je connais. Je vous aurais informé de l'épisode, inquiet de ce que vous eussiez pu imaginer, car je prévoyais avec chagrin que la chose vous blesserait. Telle est la vérité, je sanglotais encore au moment où vous êtes arrivé.

— Je vais prévenir ton père.

La bague de papa fait mal, elle laisse de petites traces rouges sur les joues et sur les fesses, la bague de mariage, le symbole de l'amour qui engendre donne naissance à de petites joues à gifler.

Le repas de midi, le repas du soir, la soupe. Et toujours papa à un bout de la table, son omnipotence et sa façon de couper le pain. Sa main baguée maritale attise le feu des gifles quand papa rentre en colère. Quand papa rentre en colère, Nestor déteste papa plus que tout au monde et pour que jaillisse, se dissolve et s'apaise sa haine dans un cri, puni sur son lit, il appelle papa « père-semoir » en donnant des coups de poing dans son oreiller.

« Quand papa sème les gifles, la maison bourdonne » pense-t-il. À la maison, Gant Bleu se nomme Fesse Rouge.

Les colères de père-semoir sont des orages domestiques. Quand ils éclatent, la maison tangue, et maman s'en va dans la cuisine oublier ça dans les gâteaux. Maman aime-t-elle père-semoir ? Nestor est un enfant précoce. À dix ans, les joues rouges, il s'est demandé pourquoi les mamans-jolies vont avec les papas-semoirs pour faire Nestor.

8

Lundi. Hélène. Dans le bus (le 63). Il est sept heures du matin. Il y a interro aujourd'hui. De maths. Pluie bruine. Sale temps pour les rêves. Un temps de géométrie. Thalès, Pythagore, tous les méchants. Avec leurs lignes et leurs ronds sur les tableaux noirs pour se venger d'être morts. Leurs implications sévères qui font pleurer les enfants. Leurs drôles de noms, vieux barbus de l'Antiquité qui rejaillissent chaque soir jusque dans les banlieues les plus éloignées à l'heure du feuilleton qu'ils empêchent de regarder.

Leur vengeance traverse les siècles. La Grèce est rancunière. Pourquoi, mais pourquoi (se demanda Hélène derrière les vitres mouillées) ont-ils un jour tracé leurs droites sur le sable (probablement à l'aide d'une tige d'olivier) au lieu d'aller se baigner ? Hélène, qui adorait les bains de mer, ne comprenait pas. Ce sont des cons, pensa-t-elle. Ce n'est pas juste. Pas juste.

Pythagore et Thalès : regardez-moi ça, de quoi ils ont l'air, deux vieillards à toges, ridicules. Ils ont inventé le triangle avant Jésus-Christ et les larmes, le dimanche après-midi. Ah ! il a fallu qu'ils tracent une de leurs putains de droites (AB) entre le Parthénon et le lycée Paul Claudel de Montargis. C'était plus fort qu'eux, ça.

Les gouttes sur la vitre. Nuit. Vent fouette. Minuscule matin. Hiver lent. Géométrie. Hélène troue la buée. Elle regarde les rues vides, dehors. Ses yeux se promènent. Elle est debout à l'avant du bus. Il n'y avait plus de places assises. Évidemment. Tous les jours c'est la même histoire : ceux des Rameaux sont ramassés en prems. Ils sont nombreux. Bêtes et vulgaires et nombreux : Hélène ne les aime pas. Ensuite on enfourne les cancres de la Cité des Cassis, les prétentieux et les fayots de la Résidence du Près-au-Loup. La rue de la Vigne : en dernier. Tant pis : Hélène, à côté du chauffeur, voit la route sur écran géant devant elle, route avalée, toujours la même, grise-bitume et glissante, jusqu'à l'horreur, inéluctable, des sonneries de fin de récréations et des interros grecques ourdies par des vieux barbus qui enculaient des ombres dans des cavernes bouffées aux mythes, ou ne sortaient de leurs tonneaux que pour montrer leur bite à des dieux pédés.

Et puis ça lui permet de parler avec le chauffeur. De s'essayer au regard d'un homme. Ça ne lui déplaît pas. Chauffeur qui, ce matin, s'étonne de voir de grosses lettres tracées sur la chaussée au pistolet à peinture, à l'entrée de Montargis.

— Bizarre ça... Il n'y a pas eu de course cycliste, hier... Vous avez vu ça, mademoiselle ?

Hélène (mécaniquement) répond que oui, qu'elle voit, qu'elle n'arrive pas à lire encore. Mais ça ne l'intéresse pas. Elle s'en fiche. Elle est ailleurs. Elle est en Grèce avec une mauvaise note. Les lettres se rapprochent. On distingue mieux. Le bus roule roule. Et le chauffeur :

— Qu'est-ce que c'est que cette histoire ? *CHÈRE HÉLÈNE* ? Qu'eeeest-ce que c'est que ce truc-là ?

Hélène, aussi sec, descend du cheval d'Alexandre pour revenir avenue Gambetta. Elle lit sur le bitume que le bus déjà engoule : *CHÈRE HÉLÈNE* et puis, trois maisons, quatre arbres et un bistrot plus loin : *N'OUBLIE PAS* : et voilà que le bus tourne, hop, boulevard Saint-Martin la préfecture la boulangerie le bureau de tabac *LE CARRÉ DE L'HYPOTHÉNUSE* l'école primaire la charcuterie la préfecture *EST ÉGAL À LA SOMME* la caserne la rue des Poiriers l'hôpital *DES CARRÉS* le palais des sports la poste *DES CÔTÉS ADJACENTS* rue des Grands Chênes, la maison des parents de Maud le supermarché la poste *BONNE CHANCE POUR TOUT À L'HEURE* dernier virage, cinq cents mètres, le lycée Paul Claudel, avec ces lettres bleues qui bariolent le mur principal de l'entrée : *NESTOR*.

9

Une araignée promeneuse, douce au col du cou, une plume qui chatouille. Elle est venue par un fil, pendue comme une larme. Elle parle des greniers d'ancêtres, de la paille et des poutres. Poussière de suie, la lumière de l'aube en janvier, la porcelaine en morceaux, les albums de Bécassine.

Où sont passées les grand-mères, les tantines à pots de rhubarbe, les cachettes en hauteur et le parfum des lilas frais ? Le soleil sur les branches, la course des pies jusqu'au ciel, les étés perdus ?

L'araignée dans la nuque accourt, ralentit, s'arrête. Nestor ne sent rien. Sa langue pense au beurre salé des goûters normands, sur fonds de beuglements, de pommiers roses, d'enclos, d'herbes géantes. Sa cabane dans les bois pour échapper au loup, chasseur trappeur vengeur. Le petit établi pour Noël, avec une vraie scie. Démangeaison. Arachnide.

Le bol fêlé du cacao, brûlant, les courants d'air de la cuisine, les jambes énormes de Marie. N'est pas Hélène qui veut. Les orgasmounets de Nestor tout petit lorsqu'il apprenait la bite, à l'école de la ferme. Avec Marie. Une giclarde entre deux nénés beaux, gloussement de trayeuse, Marie supercontente, bonheur et lait chaud. La bonne pa-paille pour la couche. Une éjaculerie d'ado, foufoutre à la va-vite, planqués-coupables. Et les soupirs, les douleurs, les morts minus. Un lundi bien bleu au ciel, Marie avait dormi sous un chêne plein de siècles. Souvenirs partout. Et puis en vacances en Bretagne. Parce qu'Hélène. Fugue de Nestor pour la suivre. Hélène à Carnac chez Grand-Mère. Nestor fugueur tout seul qui dort sur la plage, dans la nuit glaciale, sous les Ourses, entre deux barques.

La terre tourne autour de Nestor. Orbite. Oui, Marie lui avait appris le sexe à la ferme. C'était dans un noir d'étable quand il avait neuf ans. Il y avait des fermiers contents. Par terre, les ceinturons brillaient. Et molle la paille, et rose Marie, son prénom de mamelles et de traie, ses transhumances alanguies et ses aisselles à la pomme d'automne. Elle était grosse et femme. Elle portait des litres, engraissait des oies, éventrait des gorets. Elle sentait le fromage et les algues. Elle aimait les hommes et les ombres qui la prenaient sur la paille, près du puits, derrière la mangeoire.

Nestor croquait dans les pommes. Et des choses se passaient. Il faisait semblant de ne pas comprendre parce qu'il avait honte. Ces visages abîmés n'étaient pas faits pour les enfants. Ni les veines de leurs mains quand leurs mains serraient la chair potelée des fesses de Marie.

La nuit, Nestor vérifiait les étoiles. Et montaient toujours ces cris, les mêmes cris d'étables et de soue, le lait des vaches tournait, la peau rose et le fromage, tout ça fermentait dans la sueur du gros corps mou de Marie. La cerne salope, elle allait joyeuse. Elle connaissait l'haleine des champs et la boue des flaques. Elle savait le poids des sacs et la brutalité des hommes, elle savait distribuer le grain, tôt levée. Nestor sous l'alcôve de Jupiter et des Ourses. Elle, sein sur paille écrasé, violée dans tous les sens. Métairie des nuages, galbe viril des gars de là, leurs bretelles qui claquaient sur les poitrails gercés, le cheptel moustachu des gueux pleins d'herbe, les mûrs, les jeunots, les gros vieux et les vieux gros. Décames agricoles en lait de sueur sur fond de mottes et de croûtons, la soupe et le pain après la fredaine musclée.

Tu hurlais, Marie, tu *étais*. Mais tes haros se sont tus. Tu es partie avec tes chants comme une sirène, queue de poisson sur la chaussée glissante, une départementale Michelin, l'accident sans cri, avec ton corps qui ne jouirait plus que du silence, dans l'attente sourde des sous-sols de Beauce. C'était un dimanche soir, bien sûr, triste et rempli de novembre, et toi sous la friche guettant les labours, maintenant. Raide entre deux sillons, nourrie d'argile et sans avis. Ton corps de tétons juteux dans l'emblavure éternelle où le vert frise et les étés reviennent. Les saisons te passeront sur le corps.

10

Hélène a du vent dans les cheveux. Elle appelle les sables de là-bas, quand les horizons se voûtent et qu'elle marche dessus. Monsieur le Héros la regarde à travers ses jumelles. Il a faim de cette image grossie de petite princesse du Sahara. Il veut prendre le thé avec elle, y tremper des gâteaux secs, lui dire Shéhérazade et le dessin des étoiles sur la nuit bleu marine. Coquillages.

Hélène a la peau brune et le sable est jaune, c'est une poudre aux yeux du monde, Gobi perlimpinpin où les paupières tombent. Petit bonhomme brûlé, ventre roussi, épaules en cloques, il est Nestor le touareg qui épie dans le silence des dunes et des rochers, il caresse Hélène avec ses yeux de loupe, sa main tremble un peu, la baigneuse vacille, une joue dérape vers une main, une main vers un genou, Nestor rétablit, dompte la distance, négocie l'homothétie, dirige l'éloignement pour refaire mouche et se statufier.

Statue de sel et statue de sable, château bâti par les enfants rentrés, une princesse habite les lieux, statue bordée par les vagues comme une sirène d'Andersen dont lui Nestor est le triton gesticulant. Il sait les créatures mouillées des abysses, les anémones à chapeaux et la chanson des dauphins.

Dans son lit tout à l'heure, Nestor a connu le caoutchouc des poulpes et la liqueur des algues, c'était sur un matelas d'éponges quand la nuit faisait peur. Et la bague de Saturne se faisait plus énorme au bout des jumelles posées, anneau céleste pour le doigt d'Hélène, bague, son doigt qui gratte le sable n'y découvre qu'une coquille morte, une pièce de monnaie, une brindille enfouie déjà grillée par un été d'alors, un été d'ailleurs où ils se seraient aimés pour toujours.

L'eau monte, lèche les orteils d'Hélène. Ses cousins pagaient, plongent, rient, se poussent, explorent. Ils ont des masques et des tubas, ils craignent les méduses et l'espadon, ils appellent cousine. Hélène ne bouge pas, endormie, les cheveux pris dans les rayons du soleil. Ils sont trois. Ils barbotent. Canot pneumatique.

Nestor les vérifie, il ausculte les gueules. Son horizon voyeur dessine trois têtes blondes tachées de sel, trois bouilles capitaine, la flottille des purs, hardi pavillon à l'allure de bouée. La marée monte comme les idées dans sa cervelle : il sera pirate, cracheur de torpilles, époux Turenge.

Nestor se rappelle sa naissance à Saint-Malo, le crachin, la sueur de Surcouf, les sabords et les sabres, il ferme un œil, et le bandeau noir des loups de mer, Nestor caresseur de requins et pilleur de soutes. Il a souqué sur la mer de ses draps, il a dessiné Hélène qui ressemble à son île.

L'eau monte, baise les chevilles de Madame Andersen, la sirène des eaux troubles de Nestor le pirate. À bâbord vers elle, là où son amour crève, son radeau de la Méduse du cœur. Et à tribord vers eux, les trois capitaines qui cherchent à impressionner Hélène, les cousins salauds qui l'ont vue dormir et manger, se blottir contre les cuisses de papa dans les années soixante-dix, lorsqu'ils jouaient aux vampires dans la buanderie les dimanches de pluie.

Nestor a laissé sur le sable le dessin de Nestor. Un plan diabolique, il court, le voilà derrière les rochers, contourne la grève, descend par un chemin de pirate, retient son souffle de pirate, plonge hop comme un pirate et court plouf sous l'eau verte jusqu'au navire crâneur, c'est un cent mètres des mers, Nestor athlète se découvre toutes les palmes de la vengeance, il se fraye un couloir à travers les algues et les bancs de poissons translucides, pourfend quelques squales sur son passage halluciné, crève un milliard de bulles, surfe sur les raies, chevauche l'hippocampe, Nestor est Jacques-Yves Wayne, Nestor est Poséidon qui lève la tête et se cogne au toit flotteur : l'embarcation gonflable des gueux.

Son canif est content. Nestor l'appelle harpon. Il remplit son office creveur, friand de catastrophe et de noyade. Il dessine des cicatrices et des trous dans le plastique arrogant des valeureux de pacotille. À bout de souffle, il sort la tête de l'eau, air pur cul-sec et replonge hop, le sourcil en accent tout trempé, oui hop replonge et retroue, frappe de sa lame le caoutchouc blessé à mort.

À bord, c'est la panique, trois rats d'opérette quittent le navire, on s'accuse, on s'insulte, on commence à pleurer, on appelle, on implore. Ça réveille la fille Andersen, elle crie elle pleure, au secours. Ce sont des larmes et des horreurs qui défilent et se brouillent, dans les yeux, Hélène Andersen, la petite sirène lève les bras au ciel. Elle crie dans les embruns. Nestor rigole avec les crabes, il n'est plus qu'une grosse pince ricanante qui sait l'art du ciselage, tailleur pour drames, il est tout épée, les espadons le saluent. Madame Mademoiselle au bord de la crise de nerfs au bord de l'eau, folle de terreur, hystérie, Nestor sur le rivage, fou de béatitude, rictus.

Nestor se dirige vers Hélène, son minois qui pleure, à l'abri d'un roc la regarde. Il ne la connaissait pas dans la panique, spectacle inédit, bel outrage qui plie la bouche et déloge les yeux. Il doit la connaître sous tous les angles et sous toutes ses formes, pour plus tard, bientôt. Il veut l'apprendre et la prévoir, peut-être, pour un jour, tout à l'heure, lorsqu'elle sera sienne dans les siècles, Madame-Madame très mariée, mariée à lui Nestor. À lui. À lui *absolument.* À lui *très exactement.* À lui *plus précisément.* À lui *bien évidemment.*

Nestor apprend Hélène comme une leçon dont il suscite les paragraphes. Il ânonne cette histoire d'Elle dont il tisse heure par heure la toile des épisodes. Il *doit* la connaître sous *toutes* les coutures de sa beauté, toutes les allures, la panoplie des réactions, la collection des émotions. Archives. Hélène, œuvres complètes. Bientôt il saurait la reconnaître à la plus petite larme, au rire le plus discret. Il saurait l'anticiper, oh mon amour. Ses souffles étouffés, ses yeux vers le sol, un mouvement de cils impromptu, une manie de doigts discrète : il saurait lire à même ce chaos, imperceptible chaos, et traduire dans la langue de Nestor les secrets de la conscience d'Hélène.

11

La maisonnée bretonne de la grand-mère d'Hélène. Papi et mami dorment. Tout Carnac dort. Il est deux heures et demie du matin... L'univers dort. Nestor ne dort pas. Il sort une corde et des pitons.

Équestre, musical, fantasmatique. Nestor masqué. Par la nuit. Il est Zorro qui escalade. Sa cape frôleuse hache les vents du soir. Main après main, il court sur la brique, sûr, certain, premier de cordée. Les grimaces roulent sur sa bouille vers l'effort. Sueur et roman, Hélène dort. Les yeux clos dans l'innocence des poupées, elle s'oublie dans des espaces flottants et des molécules minérales. À Toulouse-Lautrec. Ses poings sont fermés. Et lui l'amant peaufine l'ascension, précis sur son échelle de pitons, Roméo varappeur sous la lune. Tire une langue rose d'Al Mahqtûl-le-chat-des-nuits-d'Alep, un bras encore, et c'est la fenêtre du monde bleu d'Hélène. Le bonheur à portée de gant.

Obsédé. Il va. Tout élan, ramoneur et bouffon, il pèse comme une ombre sur la corniche apprivoisée. Vertige et pulsations. Il la voit, suaire allongé trouant les noirs. La forme blanche, nourrie de courbes à pourlécher. L'arête arrogante qui appelle ses vœux. Et son gant qui ne sait plus, hésite, appréhende les débris du verre. Minuscule ange ému botté, ses gants vont saigner. Il a surpris la beauté, son abondance et son faste, en cette tache de lys Hélène sur l'obscurité de chambrette. Gargouille Nestor, ornement d'amour. Sous ses pieds la nuit est déserte, il cache une rose sous sa cape.

Une rose ? Un trophée de feuillages arraché au jardin. Il caresse la fenêtre. Embrasse le verre. Trace quelques lèvres. Le clocher a gueulé l'heure au loin, bourdon solitaire, c'est une église détruite pendant la guerre, trois heures. Hélène n'a plus d'oreilles pour entendre, corps sourd, aveugle, muet. Nestor siffle. Une mélodie. La façade nue, le silence, les dièses qui longent les carreaux. Son poing se gonfle. Et ses yeux se gonflent.

Nestor compte jusqu'à dix. Un. Les tours découpent le ciel en biseau. Deux. Le bois têtu des chênes dort sur la pelouse. Trois. Judith jette la tête d'Holopherne aux juges. Quatre. Les femmes respirent. Cinq. La pierre se tait. Six. Les vagues s'emmêlent sous la brise. Sept. Hala Ibrahim Basha. Huit. Rock bottom folly beloli. Neuf. Chateaubriand est né à Saint-Malo. Dix. Hélène n'a pas bougé.

Nestor relève le drap comme on relève un défi. Il passe sur le visage aimé son gant de crin mélancolique. Accroupi dans les éclats de verre, il sanglote. La nuit est une fumée de poudre noire après le coup de canon dans la vitre. Sa tristesse est un art, son délire est doux. Il guette les traits de sa muse, gardien des émotions du sommeil d'Hélène. Il s'assure que tout va bien.

Il penche ses lèvres vers ses lèvres. Pas tout de suite. Doucement il ôte ses gants boxeurs, dégrafe sa cape chauve-souris, s'allège de quelques rubans. Il a l'air d'un écuyer. Splendide. De sa poche, il extrait un morceau de craie bleue et dessine sa signature sur les murs, les armoires. *Nestor, Nestor, Nestor.* Et puis des soleils et des cœurs gros. C'est un peintre. Il contemple ses blessures tracées. Hélène ignore le monde, mais dans ses fresques, Gant Bleu glisse les portraits possibles de ce corps allongé qu'il adore, et redonne vie à la momie d'un rêve. Il trace les tableaux de l'amour idéal où elle l'adorerait. Padoue à Carnac. Nestor-Titien, Présentation d'Hélène au Temple. Magie du trait, beauté des harmonies. La griffe d'Al Mahqtûl.

Tandis qu'un pas martèle les marches de l'escalier. Un bruit net qui monte et se rapproche. Nestor est tout œil, il se gave d'Hélène avant de redescendre la nuit. Son brodequin pille le verre. Les rideaux lui sont une écharpe lorsqu'il chevauche le rebord. Le grand-père d'Hélène a ouvert la porte et Nestor a sauté. La lumière d'un lampion donne une trame au noir brut dans lequel il titube cheville brisée. Le vent sur ses larmes a-t-il la douceur des plumes d'un cygne ?

Nestor, la nuit et le froid de la nuit. Des allées d'aubépine, la gueule du noir. Des morceaux d'horizons, le clocher. Quelques ombres. Les arbres méchants qui saluent comme des traîtres. Les chevauchées inquiétantes, nuages, cette obscurité. Anges et tunnels. Nestor est une petite chose qui marche. Vite. Tout l'écrase, et la peur aussi. Il est seul au monde parce que le monde dort. Le vent, furieux. Les herbes, plus hautes. Des choses autour qui s'agitent, feuilles, branches, noires, mille bêtes perchées. Le souffle, tempête, les chiens au loin. Des silhouettes s'approchent, sans cesse. Il faudrait faire le mort. Ne plus jamais bouger. Mais la peur pousse. Toujours pousse. Jusqu'au bout. La nuit se venge. Moins d'arrogance, et soudain moins de jeunesse. Martyr. Un tribunal des choses, des mouvements qu'on ne voit pas. Les petits pas crottés, s'obstinent, là, trébuchent sur les mottes, la campagne. Il aperçoit des pendus. Des corps de barons dans la boue des flaques. Dieu. L'infini, la sueur, fatigue pour les muscles. Un décor de paix où les enfants n'ont pas leur place et que Gant Bleu piétine, froussardissime petit preux. Il pense à Hélène comme un fils pense à sa mère : pour reprendre du courage et des forces. La force de continuer, oui, d'avancer encore au milieu des masques et des trous. Dans la nuit dans décembre, à l'heure des ogres et des corbeaux. Une croix sur le chemin, des fantômes de Croisés morts pour la terre. Nestor a si froid. Il ne sent plus ses pieds dans ses Kickers de chevalier valeureux le plus fort de tous les temps et de la Table Ronde. Enfuis, ses pouvoirs. Par la magie des fées méchantes qui hurlent quand le jour n'existe plus. Elles remplacent les oiseaux. Les rossignols se sont suicidés. Au loin, il y a le vieux cimetière. Des appels muets, chapelets, bals d'âmes, invisibles. La rue la brume, voici les ronces. Il y a la forêt à traverser. La maison chaude est loin de Carnac. À Montargis, près du jour, près du petit matin. Avec son Banania bouillant et ses yaourts à la fleur. Des inconnus lui courent après. Ils sont quatre, peut-être mille. Ils crient son nom. Nestor, Nestor. Ils hurlent des vulgarités et des menaces. Tiennent fourches et fusils. Ils veulent tuer Nestor, se dit Nestor. Ils veulent assassiner le petit Nestor qui ne fait que marcher dans la nuit sans faire de mal en écoutant Michel Polnareff. Il a peur. Peur. Et les ombres courent, gigantesques, rapides et lentes, elles disparaissent et voilà qu'elles renaissent, plus proches, toujours plus proches, elles glissent, se répandent comme des taches d'encre, elles collent au ciel, elles vont toucher l'enfant, *sei ruhig, bleib ruhig mein Kind,* elles vont toucher Nestor, *mein Vater, mein Vater, jetzt fasst er mich an.* On voit des couteaux, le sang va, va, elles courent vers lui. Elles sont vampires, gorgones, sorcières, dragons qui l'appellent : Nestor, Nestor. Il dérape-glisse. Il s'embourbe et suffoque. Plouf-tombe. Se hisse et hop, recourt et court à perdre haleine, de la nuit plein les mains. Les orties lui dévorent les mollets, les branches le giflent, il s'enfonce dans la glaise, se noie dans les flaques, marche sur les vipères et les boas, réveille les croque-mitaines et les loups. Les farfadets dansent. Rient-hurlent. Pirouettent. Virevoltent haha. Nestor croise des moines et des machins du Moyen Âge qui font peur. Les voix avancent avec leurs fourches et leurs fusils. Mitraillettes et canons. Laser. Couteaux de cuisine. Panzer. Flèches empoisonnées. Kalachnikov. Sarbacane. Pour assassiner les héros et les enfants qui aiment Hélène. Tout se froisse et tout s'essouffle. Tourbillons et panique. Nestor crie. Mais ses hurlements sont bus par les buvards de la nuit qui se tait. Chaud, froid. Chaud, froid. Glace et fournaise, et les pas qui tricotent, s'emmêlent, se mélangent. Une course vers nulle part, effroi. Un labyrinthe sans couloir ni minotaure, destination devant. Des rires derrière. Des bruits des bottes des souffles. Des chants pas drôles. Sur le talus Nestor se retourne. Sueur et sang. L'équipe est là, mécanique, cent mètres, les bourreaux d'enfant, les casseurs d'amoureux, les exterminateurs de Werthers, avorteurs de Renés, étrangleurs de Gants Bleus. Et la maison de maman qui n'arrive pas. Elle est posée là-bas, au fond des arbres et des champs, derrière les nuages noirs. Il commence à pleuvoir. Zigzags et limaces. Mulots. Mottes. Gouttes glacées dans la nuque. Les chevaliers sont trempés, les pendus ruissellent, tout glisse, et l'herbe, et les cailloux, petit saut vers un fourré, la trappe horrible, un bruit sec : entorse. Des lames plein la cheville, une brûlure et un cri. Nestor va mourir. Il est mouillé sur la terre froide, méchante campagne avec ses ronces et ses fossés. Il roule sous un buisson d'épines pour échapper aux assassins. Gant Bleu-Pied Cassé. Vie et mort d'un romantique. La fin d'une légende. Dans les cours de récréation, on narrera l'épopée. La pluie et les ombres, et toute cette nuit qui dérape, les farfadets, la lune morte, l'ogre, les chiens, les loups, la nuit qui dérape et casse les chevilles, les hallebardes, la traque, la peur de la mort.

— Il est là !

Voix de tumulte, de trompette. Les oubliettes et la torture, les cicatrices. Écartèlement. Tisons. Souffrances et plaies. Avec la mort au bout. Nestor ne bouge plus. Il est recroquevillé comme un petit cadavre d'écureuil. Rongeur culbuté sur départementale par un dimanche d'averse. Petit traqué foutu, tremblant, souffrant, sanglotant, le corps en larmes.

— Hélène, dit-il.

12

« La VOIR. » (Un jeudi matin, en classe de sciences naturelles.) Son cerveau s'émerveille, se fige dans l'unique plaisir plein de vent, de voir merveille. Comme la graisse d'animal fige dans l'assiette les pâtés confits qui sont la métaphore de sa monomanie, d'une obsession qui se solidifie à jamais, sa pauvre petite tête violée un jour par le trop doux spectacle du visage d'Hélène n'en finit plus de ne pas se remettre.

Il regarde, il épuise ses yeux de sourcils à faire rentrer en lui la figure de la petite belle, Livre Saint, beau livre compliqué qu'à défaut de comprendre il faut receler à jamais, Talmud. Lui, pauvre champ inculte ouvert comme ses deux yeux avides où est l'image renversée, non du ciel des divinités, mais du bleu cyan. Le bleu du ciel, le bleu de ses gants, l'Hélène bleue comme l'eau des rivages de Corinthe, lui-même Gant Bleu se farcissant de ciel, confit au fil des jours de classe où, de l'estrade au cahier, ses yeux ne manquent pas de la VOIR.

À dix ans, tête délicate pleine de cubes rouges, bornée comme celle d'un petit animal, il était resté deux heures à sangloter de bonheur après avoir lu dans un trop gros livre d'histoire qu'ils « expulsèrent Aristide parce qu'il était juste avec excès ». Ce n'était que beau, c'était si beau hormis le sens.

Le visage d'Hélène et le serpent vert du tapis, et les mardis soir, et le visage d'Hélène, *Aristidem expulerunt quod praeter modum justus erat,* et le visage d'Hélène, et la pluie d'automne sur les champs, et le visage d'Hélène, « Je veux ta *tête* » (sa *tête* à elle selon ses propres mots à lui, entre ses mains, en rêve en sciences nat), le visage d'Hélène le visage d'Hélène le visage d'Hélène le visage d'Hélène le visage d'Hélène

13

Un cortège de regards accompagne Nestor menotté jusqu'à la fourgonnette. Le ciel est pastel et les képis sont bleus : il avance en souriant, sans sueur sur le front. Autour de son cou, comme une protestation de chimères hurlée, le casque de son walkman hurle « Je t'aime ». C'est du Michel Polnareff.

Prince hautain partant pour la Chine, Nestor lève un menton conquistador en croisant ses camarades cloués. Voici César, voici Alexandre, voici Nestor. Hors-la-loi et superbe, puissant d'orgueil, il se sait multitude, monument définitif d'un mélodrame divin.

Il a régné sur les mers et sur l'école, il a décrété des blocus et rendu son jugement, signé des décrets d'apocalypse au nom de la justice de Nestor. Poids, balance, juge et Pape, il a soigné les calamités en vengeant Madame Hélène.

Nestor le poète n'a pas aimé Wilfrid le non-galant. Hélène voulait le ballon et Wilfrid a dit ta gueule connasse. Nestor a tout entendu. Alors, canif pointé, roulant comme mille tambours aveugles dans les batailles hallucinées de la colère, zappant dans sa course la sourde imploration des humbles, il a percé cette viande prépubère d'où, dans un râle d'agonie giflé de sang, il est ressorti magnifique et assassin.

Je suis Gant Noir, je suis Gant Rouge, Gant Deuil et Gant Sang, se dit le petit criminel en rigolant dans sa tête. La directrice discute avec l'inspecteur de police. Elle remplit des papiers avec dessus le nom de Nestor. Pensera-t-elle à inscrire tous les surnoms glorieux, pleins de légende et de chambrette ? On rassure la maman de Wilfrid-le-discourtois : fiston vivra, petite cicatrice au ventre et jouera encore au ballon, sera misogyne comme papa, et se fera retuer si à Hélène parole adresse. La fourgonnette crisse, dérape polar dans le feuilleton de Nestor le héros qui n'a peur de rien.

— Hélène, dit-il.

14

Je m'appelle Nestor le cow-boy de l'Ouest. J'escalade les murs. Ce sont des montagnes. Je suis immortel. Dans la roseraie ce dimanche, Nestor est seul. Il contemple les nénuphars. Il serre dans son gant droit un livre épais. Un vieil ouvrage bleu-gant écrit par des Anglais en 1935. *The Book of English Law.* Nestor l'a récupéré dans une poubelle du collège. C'était un jour de grand nettoyage. On rangeait. On jetait. Personne n'en voulait. Personne ne voulait de cette bible dans laquelle Nestor avait lu : *the King can do no wrong.* Il avait compris la phrase, plus simple qu'*eyebrows,* plus simple que la vie et plus simple qu'Hélène.

Le cow-boy de l'Ouest, les Kickers à éperons, l'homme du Fleuve-au-Zouave, le Roi, the King, *the King can do no wrong.* Il l'avait toujours su. C'est pour cela qu'il aimerait Hélène jusque dans les siècles. Nestor le cow-boy de l'Ouest. Et ses petites mains serrent le gros livre rempli de *by far* et de *legal nature* et de *common law.*

Quand deux yeux se posent sur le rond nénuphar, voilà qu'une rainette bondit. Bien verte. Vert clair. Bien lisse et propre. Elle s'égoutte. Attend sur la fleur flottante qui s'appelle son île. Rouge fleur et verte rainette. Le cow-boy de l'Ouest pense à Van Gogh écrivant à son frère : *J'ai cherché à exprimer avec le rouge et le vert les terribles passions humaines.* The King, la grenouille, le peintre génial, et des cow-boys à Kickers qui pensent à Hélène dans la roseraie.

Je m'appelle Nestor : les montagnes, les murs, les chevalets et la couleur des nénuphars, Nestor coupeur de tête et Van Gogh coupeur d'oreille, le bleu de Van Gogh et le bleu élimé du vieux bouquin de Droit anglais avec dedans des Rois qui ont toujours raison, le bleu des gants de Gant Bleu et le bleu du ciel d'un dimanche de juin bleu comme Hélène.

Je m'appelle Nestor, je suis un inconnu. Je serai bientôt connu. Je fais des gestes, je souris, je parle avec ma voix, j'écoute Michel Polnareff avec l'oreille non coupée de Van Gogh. Nestor fait des gestes, il sourit, il parle avec sa voix, il écoute Michel Polnareff. La rainette est toujours là. Elle fait bronzette. Elle fait pioncette. Elle fait trempette. Les yeux de Nestor sont posés dessus. Collés. Ah oui, le petit cow-boy des grenouilles, le frog-boy immortel anglais comme un Roi, avec ses éperons pour *faire montrer* à petite Hélène qui dort sur son nénuphar.

Léonard, Raphaël, Matisse, Nestor. Billy the Kid, Lucky Luke, James West, Nestor. Avec des pistolets pour éliminer les prétendants, les Wilfrids, avec des couteaux et des fusils, des baïonnettes comme les zouaves aux pieds dans l'eau. Zouave comme des rainettes posées sur l'eau, zouave au bonnet de nuit des nuits de Van Gogh.

Il dit :

— Demain, Nestor épousera Hélène.

15

Roi des abeilles et roi du miel, petit empereur des Turcs et Commandeurs des oiseaux : Nestor. Ses mains tachées d'encre bleue roulent sur les buvards du ciel. Il se marie aujourd'hui.

Il neige dehors et sa chambre n'est plus qu'une vitre d'argent. Devant la glace où son image pense à Hélène, il noue la cravate à papa, taches orange sur fond vert. Le nœud vient mal, ses doigts se crispent comme sur les manettes d'un aéronef en partance pour Vénus. Il neige. Le roi des flocons est ému. Son cœur est un macaque à cymbales coiffé d'un chapeau de groom.

Dehors, le jour a chassé les loups. Une paire de gants bleus regarde Nestor enfiler une paire de gants blancs. Mister vérifie ses mimiques, la parenthèse d'un sourcil anglais, une vitesse d'œil, la moue des lèvres : c'est parfait. Son âme est grosse comme un cœur sous son crâne gominé. Mademoiselle Hélène sera bientôt Madame Gant Bleu. Elle dirait un « oui » que Nestor n'a pas dans sa collec. Tout à l'heure. Le roi des herbes, prince de tous les océans, enfile une veste à carreaux qui a connu la flottaison du dollar et la France de Pompidou.

Il fait jour, il fait neige, il fait Hélène et il fait blanc. Nestor se dirige à l'odeur du cacao. La cuisine, capitale du glucose. Corn flakes et mer de lait, flocons d'avoine et neige au sucre, le jardin est tout blanc. Chocolat chaud, les cheminées fument au loin. Deux sucres tombés dans le bol de Nestor sont deux amants qui se confondent sur la vague d'un drap.

Il sort. Monsieur Héros découpe le froid-bleu-comme-un-gant. Des lames d'ondes glaciales dansent dans l'air, cisaillent les oreilles. Les arbres sont des couteaux qui se taisent. Le Prince des Céréales enfile son blanc destrier, sa pétrolette maculée de cristaux de neige. Toussant du pot, il rêve sous son passe-montagne, dérape, zigzague. Ses yeux pleurent des larmes d'hiver. Au même moment, il sait Petite Hélène escortée par un chauffeur jusqu'au collège de leurs noces neigeuses, le chauffeur du bus 63 dans la direction Montargis-centre.

Nestor accélère. Il entend au loin les matines conjugales du début des cours. Sciences nat de huit à neuf. Nestor aperçoit Hélène qui descend du bus-carrosse avec sa famille et ses fidèles qui la suivent en riant jusqu'à la salle 203. Les flocons tombent sur sa promise, lui façonnent une somptueuse robe de givre. Robe blanche pour les noces, et vive la mariée. Dans les couloirs on en parle. On chuchote à tout va, joyeux. Madame Béranger, que le potache, d'une génération l'autre, surnomme « Béberre », fait entrer la horde couineuse. Nestor se précipite à côté d'Hélène, au premier rang, qu'elle choisit toujours, avec l'assurance nonchalante d'une première de classe qui est aussi première de cœur. Hélène ne tourne pas son menton joli si joli vers lui. Ça ne se fait pas, songe Nestor qui s'efforce lui aussi de garder ses regards pour le passage des alliances. Bientôt. Tout de suite. Dans quelques instants !

Madame Béranger commence l'oraison, messe, hommage dans les règles aux futurs époux : un cours sur le bernard-l'ermite et l'étoile de mer. Lui, le pagure, elle, la star. Sa reine des océans. Leur symbiose. Nestor tire de sa poche une cartouche d'encre. La crève à la pointe du compas. Remplit l'encrier du pupitre. Laisse choir la cartouche vide. Et trempe l'annulaire gauche dans la mer Waterman. Puis sort son doigt, en essuie consciencieusement la base pour ne plus laisser trace que d'une bague bleu écolier de l'épaisseur d'une alliance. Sans se tourner vers la future Madame L'Ermite, il saisit la gomme bien blanche d'Hélène et l'immerge dans l'encrier.

Outrée, Hélène, en un réflexe désespéré, plonge trois doigts furieux, la gomme coule, trop tard, la main d'Hélène s'orne d'un gant bleu. Elle est au bord de la crise de nerfs. Nestor alors sort un mouchoir blanc, grand seigneur, quel panache se dit-il, et d'essuyer la menotte pour ne plus qu'y abandonner le dessin d'une alliance, la sienne en plus menue.

La voix soudain de la prêtresse s'élève (on ne badine pas avec la discipline chez les Béranger) :

— Nestor vous embête, Hélène ?

Pourvu qu'elle le dise, pense Nestor, pourvu qu'elle le dise ce mot qui scelle bien fort les destins et fait rougir le bonheur, ce simple petit mot dont la monosyllabe s'étire éternellement, indéfiniment, et déclenche les duos, ce mot-le-plus simple, ce mot-le-plus-riche :

— Oui.

Elle l'a dit-elle l'a dit-elle l'a dit. Et Dame Béranger d'encor hurler :

— Dites, vous voulez être collé dimanche, hein, Nestor, vous voulez être collé dimanche ? Hein, c'est ça que vous voulez ? C'est ça que vous voulez ?

— Oui.

Mariés ! Nous sommes mariés ! crie Nestor dans sa tête de bernard. Unis par les liens sacrés du mariage... Elle a dit oui et j'ai dit oui. Ça y est. Mon amour. Mon amour pour toute la vie. Je te jure fidélité jusqu'à la mort, oh oui. Nous partagerons tout, ma mie, ô ma mie bleue, les bonheurs et les peines, sans écueil jusqu'à la mort.

— Très bien, très bien... Vous voulez jouer au mariolle ? Très bien... Que le délégué accompagne celui-là chez Monsieur le Proviseur... Qui est délégué de classe, ici ?

Hélène lève timidement la main.

— Moi, madame...

— Eh bien ça ne pouvait pas mieux tomber... Allez, Hélène, accompagnez-le vite, on a assez perdu de temps comme ça... Quant à vous Nestor, je ne vous accepterai dans mon cours qu'après décision du Proviseur... Allez, dépêchez-vous de ranger vos affaires...

Les jeunes mariés quittent l'église et disparaissent.

Deuxième partie

JE SUIS UN HOMME

1

Nestor pénétra dans la gare. Il quittait Reims et sa fac pour toujours. Son pas alerte jurait avec la lente procession chargée d'intimités pliées en quatre dans des Samsonites croco. Plus que le populisme sourd et l'éveil à la morne réalité d'une France profonde qui tire gloire à le rester, c'est le caleçon que respire une gare. Le caleçon jauni par une semaine de frottement avec l'entrecuisse d'un expert-comptable connu de ses collègues, et dont la bite verte ressemble à un radis. De semblables caleçons, Nestor en démasquait par dizaines rien qu'au hiératisme fonctionnel de quelques démarches penche-à-droite : les experts-comptables, au moment de prendre le train, se dénoncent plus par une rectitude encarguée de goélette pédéraste sur les flots goudronnés, que par un fumet ammoniacal slipeux, que ces vieilles salopes à manches de lustrine et à sous-cul râpés se font une cérémonie de masquer par de délicates senteurs de Cologne.

C'est donc ainsi que Nestor entama une journée qui aurait pu être honorable, voguant vers le quai tout plein encore du souvenir oublié d'un rêve salace, et baigné des effluves d'ilang-ilang, menteurs comme un « Non maman, je te jure que je n'ai pas proposé de pipe à sœurette ! »

Les experts-comptables sont des sororicides incestueux, des impuissants et des salauds. Ce début brumeux de journée rémoise leur allait à ravir et Nestor ricanait intérieurement, sous l'effet conjugué du souvenir de son rêve retrouvé, et du fait qu'il conchiait puissamment l'Ordre des experts-comptables.

— Bien fait, salaud ! grommela-t-il en dépassant un représentant de ladite confrérie afin de poinçonner son billet avant lui. La raideur subite du faux col de l'autre semblait lui demander des comptes, mais ce n'était là, sous l'amidon et le Cacharel, qu'un joyau de merde dont Nestor point ne s'enquit. Il était de ces types dont la nature profondément, obscurément anxieuse, pousse tantôt aux facéties les plus légères, tantôt aux gestes les plus terminaux.

Brume donc sur Reims, et ce petit matin incertain qui se demande si le jour en vaut la chandelle. Si ça valait le coup qu'une journée du calendrier républicain, un peu des ardeurs innombrables du feu solaire, soit accordé à cette citadicule qui, n'eût été le champagne des princes, se serait effondrée elle-même sous le poids désespérant de sa propre vacuité.

La ville des Sacres, l'urbs des Rois de France, c'était ça : une supernova en passe de devenir un trou noir. Fantômes des couronnements enfuis. Nestor avait trouvé le mot qui résumait Reims et, tout en le mâchant silencieusement, en éprouvait la texture : c'était quelque chose de filandreux.

À vrai dire, il en vint à cette conclusion sans appel en se rappelant son rêve du matin, dans lequel une jeune olympienne effrangeait au ciseau de couturière la toile blanche de sa robe. Il se souvint aussi de ce poisson antipathique qu'on lui donnait à manger lorsqu'il était enfant, et dont le nom lui revint à la faveur des suggestions post-oniriques d'un cul ciselé : la raie. Reims, c'était une grosse raie du passé au goût filandreux comme un matin de brume sur un parc et une statue.

Nestor, très romantique, pensa que prendre le train, c'était comme soustraire un peu de sa lumière intérieure à ce mikado gris de ruelles vides. L'anodin d'une prise de train revêtait dans la gare de Reims les accents pathétiques et grandioses d'une échappée en hydravion vers Montevideo.

Et il poinçonna prestement son billet pour Montargis.

Il leva un œil en direction des panneaux d'affichage. Prit soin de comparer l'horaire digital à celui, manuscrit, de son petit calepin bien propre et tenu comme une maisonnée. En marchant vers la salle d'attente, il regretta cette expression symptomatique de l'inquiétude petite-bourgeoise, et injuria en pensée, pour se venger, un expert-comptable démasqué qui courait prendre son train vers la capitale.

— Salaud ! Crève !

C'était bon.

La salle d'attente n'avait pas été nettoyée. Une famille d'immigrés attendait et trois quatre mendiants porteurs de jurons échangeaient des plaisanteries abominables. Ils buvaient du Vieux cep Carte d'or et du Cigalin, vins du pays de l'Hérault par lesquels l'Hérault devenait la province des rêves aphasiques et des remords déjectés. Ils buvaient de cette tristesse de vin qui rappela à Nestor son travail intérimaire chez NICOLAS BACCHUS, boutique de la Coopérative des gais vignerons de l'Aude, à Ay, l'année précédente, de janvier à février.

Nestor avait toujours apprécié le bon vin, tirant de l'enseignement d'un père taste le plaisir de la tempérance et le bouquet fruité d'un épicurisme dompté. N'était-ce pas d'ailleurs sous son effet qu'il avait osé pétrir ses premiers seins ? Mais ces deux mois à la Coopérative firent de lui un buveur d'eau impénitent et un gérontophobe militant. Et s'il prenait, en cette aube, le train avec quelque appréhension, ce n'était pas parce qu'une femme risquait de ne pas être au rendez-vous, mais parce qu'il allait immanquablement en rencontrer, de ces septuagénaires dictatoriaux qui ne supportent pas le poil-à-gratter d'une existence qui ferme la porte, et pour qui péter au lit devenait vite une contrariété pour peu qu'insuffisamment aromatiques, ils ne pussent se délecter de ces vents vieux, le soir, sous les couettes fatiguées criblées de jonquilles passées, à côté de la masse éreintée, des variqueux replis, des glapissures matrimoniales ensommeillées de ce tas de peau qui autrefois avait prodigué le bonheur et qui à présent peuplait un lit.

2

Vous allez prendre vingt-cinq ans dans la gueule : les miens. Oui, c'est mon âge. La postérité me fait crédit.

Salut, vieilles branches, j'ai l'âge qui fait rire le nombril des blondes sous la nuit, l'âge qui ne sait pas les heures gâchées ni n'accuse les rides si pleines de mort qui pend. Vieux scribouillards : j'ai lu vos livres, vous ne lirez pas les miens. Vos livruscules pleins de goutte et de lumbagos, crachats mauves précieux. J'ai devant moi ce que vous avez derrière vous, *plus* l'infini. L'avenir ne me donnera pas l'œuvre ? La jeunesse me donne raison.

Moi la tête entre deux seins sur le sable d'Acapulco, vous sous la terre rêche d'un parterre imbécile et muet : rendez-vous dans vingt ans. On lira vos machins, peut-être, mais la vague sur mes côtes aura la fraîcheur des menthes sauvages et le vent rendra belles mes amoureuses. Vos œuvrettes à sueur, votre prosette à sacrifices, votre vie de labeur noir n'existeront plus si le grillon chante et le romarin sent.

Si encore vous étiez des génies... On vous aurait lus, ma jeunesse et moi, avant de courir sur la grève, ivres de bulles. Mais vous n'en êtes pas : ce n'est plus de votre âge, vieilles branches. Vous vouliez renommer le monde, et déjà le temps vous débaptise. Votre encre était trop sympathique : pompez la mienne avec une seringue, et faites-vous piquer. C'est un vaccin *pour* la rage. Mettez la dose, n'hésitez pas : la vieillesse est gourmande d'euthanasie.

Je n'écris ni plus mal ni mieux que vous : on ne compare que dans l'époque. Les TGV sont plus rapides que les locos tousseuses d'antan, c'est tout. Celles-ci étaient plus belles ? Taisez-vous : il n'est de beauté que de vitesse.

Lents, vous êtes laids. Lenteur de vos arabesques tracées, lenteur du mot, inertie de vos épithètes modelées dans la terre cuite des vieux santons. Vos pages n'avancent jamais. Vous écrivez à l'ancre.

Doucement, tout doucement, vous extrayez vos verbisseaux d'une glaise vieille qui gêne la course. Si votre style ne dérape pas, c'est parce qu'il ne court pas. Appuyé sur une canne à pommeau, il va sans surprise au bout d'un chapitre comme vous au bout du quai de la vie, et rentre à la maison. Il ne s'exclame pas, il tousse. Il ne vibre pas, il tremble. Il ne bout pas : il a de la température.

Les vieilles pierres, les cendres, les tumulus, les vieilles dentelles fripées, et les lunettes à doubles foyers, oui, la presbytie, les médicaments un peu plus, des douleurs, des oublis aux orifices, oui l'incontinence, les souvenirs bric-à-brac, et de la sagesse, capitulation, on rend les armes, on s'oublie en oubliant ce qu'est l'honneur, la chaise toujours et le lit plus souvent, les tisanes, la mûre, la sauge, ah et puis les bouillons de légumes aussi, les navets, les carottes, les salsifis, les rutabagas, les tomates, les poireaux, les choux, et puis les morceaux de viande qui flottent.

Les vieux : onze heures qui sonnent, le lit en bois qui perd l'habitude de grincer des deux côtés, adieu Bobonne. Les dents pour la soupe, trop de peau qui tombe, les médailles, les cicatrices, oui la guerre, le passé toujours plus grand (ça pétait en 40, ça pète au passé, ça pète au lit, ça se retire dans des images de flammes, retraite au flambeau, poudre d'escampette). Les cannes, bientôt, les taches sur les mains, tout à l'heure, la Côte d'Azur l'hiver, vous sortirez sous les pins gelés, vous réinvestirez la plage aux marées basses de la vie, et bourdonneront les mouches sur le flan sur la toile cirée à carreaux rouges et blancs de votre cuisine avec cheminée dans le pavillon de la petite rue calme près d'Arras.

Les vieux. Ils sont partout et partout ils vieillissent, partout ils expédient deux trois dernières années. Où que ce soit, il y a deux trois dernières années à finir comme un ballon de rouge. Au bistrot de la vie, attablés, imposant leur statue de cendre, ils reposent devant un dernier verre. Empierrés, vénérables, posés comme par une grue autour de la *Stammtisch*, gueules de gloire sculptées dans la poussière.

J'ouvre la porte, courant d'air, et hop, voilà cent ans de bons et loyaux services qui s'envolent au bar, sur les cuivres, dans les crachoirs au pied du comptoir, sur le portrait au mur de l'aïeul du patron, entre Poire Williams et Suze, sur les tables d'à-côté, dans les crèmes. Pluie d'ans, tempête de sables mourants. Vieilles branches.

Les vieux c'est ça, c'est fixé comme les Alpes aux tables d'habitués, leurs monceaux de cendres prennent une place hercynienne, mais vienne la brise de pomme d'une haleine jeune, et ça se retrouve sur le bec verseur de la bouteille de Pastis. Eh bien moi je veux rentrer sur la scène de la vie pour vider les derniers clients. Me v'là, on ferme ! J'ai l'insolence de mes vingt ans. Ne pipez mot dans vos barbes grêles, ridules !

Vous voyez, vieilles branches, ce qui sépare le fait que j'ai raison du fait que vous avez tort, c'est le cent mètres départ arrêté que je vous colle dans la vue pour l'éternité, *in saecula saeculorum*. Eh oui, hop, hop, hop, foulées prestes, véloce est ma vérité, et on gonfle ses poumons pour me suivre, et on ne joue pas des coudes cagneux, on reste dans son couloir, et on lève bien haut ses jambes en ayant raison, et on tire sur les bras mes aïeux. Vous n'êtes plus rien parce que je vous colle une éternité dans la vue, je vous laisse au diable les varices. Je suis né (hier !) pour couper de mon poitrail des fils finish, et vous, vous êtes vieux pour bouffer de la cendrée !

Les vieux n'écrivent pas de livres, ils sont dedans, coincés entre les pages. Vous n'êtes plus faits pour écrire. Vos rides et petits pas vous dénoncent, vous n'avez plus rien à espérer, si ce n'est que je vous fasse apparaître entre deux de mes feuilles vives. Vous aurez tout faux et le temps de trois tisanes pour revoir votre copie. Vous n'existerez plus que pour être chez moi, dans une de mes pages de grande bonté. Vous reposerez les bras en croix sur ma page 152 et vous verrez se refermer sur vous comme la dalle de votre tombe ma page 153. Sur ma page 153, j'écrirai des noms de fleurs, ils seront doux à ma plume, et j'y déboucherai du champagne. Il y aura mousse pour lui et mousses pour vous.

En quelque sorte, vieilles branches, vous avez gagné le gros lot, le lot du Siècle bientôt, et vous n'aurez pas assez de votre vie pour dépenser toute cette vieillesse qui vient de vous tomber sur le dos. C'est ça qui vous voûte : votre bibliographie. Vous êtes vieux en fait parce qu'on vous lit. Mon cœur est si bon, laissez-moi vous offrir le parfum jeune de vos œuvres pérennes : consentez seulement, vieux ceps, que jamais plus on ne vous lise. Des morceaux de vos vieux livres neufs, pages albescentes, jaquettes à jamais plastifiées s'entasseront sur Pluton : au pire j'ouvre la porte du bistrot, au mieux je vous réédite aux confins de l'espace.

Vieilles branches : il faut aller vous coucher maintenant, il est l'heure. L'heure de vous gifler de ma nouveauté, l'heure de vous présenter mes copines bouffies d'éternité, l'heure de votre pâté pour chats vélusoyeux, ces gros chats loufeurs-dans-la-soie, obèses de vos aphorismes incertains.

3

Reims-Paris-Est. Le train a ses festivals de couleurs bariolées. La vitesse trace à la gouache les paysages les plus flous. Décors ferroviaires. Vaches broutent. Clochers. Piétons sans visage. Le train. Son lot de piaillements. Les portes automatiques. Crissements. Gosses. Walkmans en alerte sur les têtes molles. Wagon fumeur, intoxiqués du rail, halos rances. On tousse comme les locos. Charbon.

L'allée. Un pingouin passe. Gominé-mec. Poli-propre,

tend des sandwiches au pain, hors de prix, et des cafés bouillants. Il arnaque là, en translation, tandis que défilent les forêts de chênes, grand sourire, attend le fric des affamés. Son aisance agace. Ses airs aussi. Sa vie m'émeut. Sans destin au bout de l'allée, enjambements, enjambées, enjambages, enjambations, enjambures, pardon excusez-moi, vous pourriez vous pousser un peu s'il-vous-plaît, ça, tout ça, en courbette sur toute la ligne, ligne Paris-Marseille, ou Dijon-Bordeaux. Tous les jours. Improbables Tombouctous. Fictifs Friscos. Vie troisième classe. En attendant la couchette définitive. Vie de roman. De gare. Steward terre à terre, ami des vaches et des clochers.

Ce matin, il s'est levé. A avalé un truc. Ou deux. Café. Bouillant. A enfilé sa cravate. Noire. Pantalon sobre hop. Taïaut. À l'assaut du voyageur. Sa vie. Il ne sourit pas quand il est seul. Il dort dans des compartiments-couchettes. Se nourrit au wagon-restaurant. Fait son footing le dimanche matin dans les allées vides du Paris-Reims. A transformé un compartiment en salon-salle à manger pour y recevoir ses amis contrôleurs. Télé bar cacahuètes, hi-fi, tout, sur les rails, toujours de l'avant. Une seule ligne de la main, un seul avenir, tout tracé : la ligne droite. Et pour le sexe, fréquente les wagons-putes.

Femmes et train. Beau sujet de thèse. Pleines de bagages et de charme. Où se rendent-elles ? Celle-ci, celle-là ? Et la rousse de tout à l'heure ? Où vont-elles ? Qui vont-elles rejoindre à la fin ? Un amant ? Un mari ? Une mère malade ? Un copain vache ? Une amie perverse ? Leur mystère emplit tous les wagons du monde. Leur présence. Leurs secrets. Pourquoi cette brunette salope a-t-elle *précisément* pris *ce* train, *ce* train et *pas* le suivant, *ce* train, celui-là même que j'ai pris *moi*, pas le précédent pas le suivant, non, *celui-là* ? Moi, je sais pourquoi je l'ai pris ce train, j'ai des raisons, *mes* raisons, *mais elles* ? Après tout, rien n'aurait été *vraiment* différent si elles en avaient pris un autre, ça *ne peut pas* être une question de vie ou de mort !

Et dire que la brunette salope est peut-être la femme de ma vie ! Elle pourrait lever la tête soudain, me demander du feu, normal, wagon fumeurs, je lui répondrais que non, que je suis désolé, que je ne fume pas. Alors, elle en profiterait pour m'adresser la parole, tendeuse de perche. Vous devez être malheureux dans cette partie du train. Non non vous savez c'est en compartiment fumeurs que l'on rencontre les jolies femmes. Ah oui intéressant et comment vous expliquez ça vous. Oh à vrai dire je ne l'explique pas vraiment je le constate surtout je ne sais pas ça leur donne une sorte de gravité un air très solennel presque froid très classe qui les fait rebondir dans la tête des hommes. Alors elle rirait, elle n'aurait jamais entendu ça, elle me sourirait, et avec un peu de chance...

Le destin ressemble à un horaire de train. Des chiffres exacts et des tableaux orange. Le hasard. Roi de l'infinitésimal, de la fraction de seconde, du presque. *In extremis* toujours. Écume d'espace et de temps. Souris sournoise, accouche des montagnes. Misérable allumette, embrase le monde. Invite à l'humilité. Se plie en quatre pour déclencher les destins. À partir de rien, façonne une vie. En une seconde, parfois cent fois moins, vous trouve une femme pour la vie. Bâtit trente années sur un contretemps. Mais peut tuer : on caresse le chien une seconde de trop, et tout est fini, une Mercedes grise vous écrase. Une seconde avant, c'était la vie. Une seconde après, le bonheur continuait. Il ne fallait pas caresser Toutou.

4

Et Nestor répète :

— J'ai vingt-cinq ans, vieilles branches !

Et pendant sept ans, il avait pleuré : Hélène, Hélène, ma fiable. Des vagues, des remous. Du plaisir, des tempêtes. Il avait vécu malgré tout. Il faut bien vivre. Il l'avait cherchée, il lui avait écrit. De guerre lasse, un dimanche, il s'était fait croire qu'il laissait tomber. Nestor, après sept ans de malheur passés à briser les miroirs de quelques misérables conquêtes où il avait essayé de ne plus apercevoir Hélène, venait de retrouver sa trace moléculaire.

Gare de l'Est. Hélène ! Hélène partout dans la gare de l'Est sur les nouvelles affiches Christian Dior ! *Mystère nº 4*, parfum d'algues. C'est elle c'est elle c'est bien elle ! Sept ans après. Mannequin tout sourire. Elle déferle, magistrale. Géante, sauf pour Nestor qui ne l'a jamais vue qu'ainsi, en nestorama, le sourire démesuré, l'iris immense, la bouille en monde, homothétique et universelle, pleine d'astronomie. Hélène aux *eyebrows* étonnés qui surplombent le hall de la gare. Son visage multiplié.

Train Paris-Montargis. Nestor ne voit qu'Hélène partout, des parfums et des algues, des couleurs, les affiches Christian Dior dans les villes de France que Nestor traverse à 100 000 à l'heure, soûlé par toutes ces têtes d'Hélène, festivals d'Hélène, elle, elle, elle, visages d'Hélène, flous, fous. Décors d'Hélène. Hélène géante qui défile, fuse, plantée dans les campagnes, plantée dans les cités, Hélène-mannequin et son parfum tout algues et tout sourire, Hélène-la-France, Hélène-le-monde, Nestor qui suffoque dans le train, tombe, ivre, se raccroche, fait des allées et venues dans les couloirs, tourbillonne, malade, bégaie, chavire, assassiné. Montargis : tout le monde descend.

Hélène. Hélène partout dans Montargis. *Mystère nº 4*. Cinq ans de plus et elle n'a pas changé. Éternelle, comme d'habitude. Hurlements de Nestor qui veut l'affiche. « Je veux ta tête » (sa *tête* à elle selon ses mots à lui, entre ses mains, en rêve en sciences naturelles, au collège). Ce soir, Gant Bleu reprend du service. Le voilà déjà le cou en danger, il grimpe ainsi que jadis, et le lierre le retient, c'est l'ami de Nestor, comme amie est cette nuit de charbon qui le déguise en son dessein fétichiste. Il la possédera enfin, elle sera décor de chambrette et auréole d'existence.

Hissé par le muscle d'amour qui le fait poète et d'Artagnan, il commence à la dague de son chalumeau l'épique besogne pleine de lingots. Lingots de bonheur, de solitude et d'hygiène, son trésor de larmes.

Nestor mutile le mur et crame la brique, le linge publicitaire se décolle, strip-tease d'Hélène sur la banlieue pleine de gueule. Diable au paradis, il escalade son nuage figé, le poing cracheur de feu. Des bribes tombent, copeaux de rêve, qu'il rafistolera pendant sa vie, fignolant sa manie dans son laboratoire, folie ridicule.

La tête de Nestor tient dans la main d'Hélène. Mille fois il glisse, se brûle, ripe, se raccroche, balance, chute, revient. La tâche est longue, et le matin menace. Il est cent mille à lui seul, féroce d'énergie quand il entonne les refrains de l'enfance, les reins rompus par la lutte avec l'ange.

À la claire fontaine,
M'en allant promener,
J'ai trouvé l'eau si belle
Que je m'y suis baigné

Après des heures, Nestor rassemble son beau trésor. Chez lui, pressé, il examinera les déchirures et les dégâts. Il repeindra lui-même les endroits où sa main sûre a vacillé. Il roule les bouts d'affiche, les engouffre dans les sacoches mystérieuses de sa mobylette patiente. Il fait presque jour. Le monde se réveille sur Nestor qui, pendant cinq ans, n'a jamais dormi. Prince ganté au-dessus du sommeil et des lois.

Mais il n'y a pas de lois, seulement des hommes, des femmes, au milieu de leurs sentiments. Ici, ils attrapent un bout de ciel, qu'ils baptisent bonheur. Là, ils attendent l'avenir, et ils l'appellent espoir. Ils se bousculent dans les couloirs, aux tourniquets. Leurs cravates s'emmêlent, les bas filent, tout avance trop, quelque chose passe mal, ils nomment ça l'âge. Les jambes courent et les pieds freinent. Les vitrines sont des haltes, et les cinémas, et les gares, et les lits, et le marbre en automne. Le sommeil leur est une vie plus heureuse, quand il ne devrait être qu'une mort plate.

Les voilà qui dansent, les voilà qui tournent, se déhanchent, affichent des porte-clefs. Les voilà qui mangent, les voilà qui digèrent, recrachent des événements vécus par les autres. Souliers, socquettes, mollets et tricots, deux cernes et un microbe, une aigreur cornichon, les plats en sauce et les feuilletons. Ils ont leurs enfants, ils sont passés à la caisse avec le cartable neuf et les baskets qui courent vite. Du chocolat plein le chariot plein de charcuterie. Ils prennent la cuisse, ils prennent l'aile, ils prennent la mouche, ils prennent l'air, ils prennent froid, ils prennent soin, ils prennent au mot, ils prennent les devants, ils prennent garde, ils prennent parce que c'est gratuit, ils prennent sur eux, ils prennent l'ensemble, ils prennent leur pied, ils prennent de la bouteille, ils prennent des précautions : vive la vie.

Jean a la varicelle. Marie-Ange rentre à pied. Frédéric a visité les grottes. Yves reprend du dessert. Sylvie ramasse un papier. Stéphane téléphone à Carole. Angelika est morte d'une leucémie. Maurice est au chômage. Béatrice se cache la vérité. François éjacule. Nathalie finit son yaourt. Charles a payé comptant. Richard a déjà vu ce film trois fois. Valérie veut se plaindre à la direction.

L'été arrive. Ça pue du slip sous les tilleuls. On regarde les cerfs-volants plonger dans les décolletés. Ça jouit sur les toits. Des bouches aspirent dans des pailles et la menthe s'en va. Des gros seins dodelinent dans l'espace. C'est l'autoroute du Sud : cigales et corps d'enfants carbonisés sous le soleil qui bande. Ils sont rouges, ils sont laids, ils sont gens : empiètent et enjambent, escaladent et bousculent. Ils posent leurs poils sur la vague. Ils essayent la canicule en lisant des viols. La plage est le crématoire de leur horreur scandaleuse. Ils se déportent eux-mêmes.

L'hiver est là, qui fait la queue au tire-cul, dans la vulgarité fluo des parvenus, pressé, méchant, skieur de compétition (trois morts sur les pistes), jaune de soleil et noir de lunettes, poseur de pêches entre deux sapins, gâcheur de fondue. On glisse mieux qu'à Paris, vite et revite, Jean-François filme. Le soir dort vite dans la station : on s'occupe en suçant les glaçons du voisin-de-bonheur, un blond.

L'humain aime. Exemple : Raoul est amoureux. Pour jouir un jour, il écrit des choses au stylo. Ou plaisante, fait la roue, montre une photo, pilote, accélère. Pour toucher la femme, il raconte que. Complice, il badine, louvoie, tâtonne, avise, évalue, change de cap, réitère, vérifie, retente, s'excuse, insiste et conclut. Il faut Kant parfois pour un sein de brune. Ou trois villas chauffées pour la fesse d'une blonde.

5

Hélène. Hélène, mon ambiguë moléculaire et fiable de Toulouse-Lautrec. Te retrouver. La retrouver. Nous nous sommes retrouvés, mon amour. Nestor va reprendre le train. Agence de mannequins. Agence Amman. J'ai trouvé l'adresse. Facile. Montargis-Paris. Ça dure des siècles. Ça y est : Gare d'Austerlitz. Je cours je cours. Te revoir. La revoir. Hélène. Te filer. La filer. Ne plus te lâcher. Jamais.

Dimanche soir. Gare de Montargis. Quai n° 5. Couple heureux, ce bidasse et son cauchemar de fiancée, en pleurs de salive, langue à langue, sur le quai du triste bled. Pluie petite. Lui, bête-horrible, l'œil clair, non pas ailleurs mais nulle part. Duvet de moustache. Bubons cramoisis. Vive acné. Énormes baskets. Lui mordent le mollet. Défaits lacets. Cul rond. Gros sac sport fluo. Deux trois sandwiches. Pâté fromage. Saucisson jambon. Leur odeur dans le compartiment quand il les sort du papier d'alu. Maniaque et pauvre. Il a son walkman sur les oreilles. À tue-tête. Oreilles rouge vif bien dégagées. Sabot de 1. Et elle. Elle. Son adorée. Imbécile trumeau. Naine et boulotte sous les néons blancs. Bruine et dimanche. Brouillard et quai n° 5. Lumière si crue. Tristesse. Sa mégère. Baisée à blanc. Vingt ans. Mère future. Partout dans le ventre. Gosses re-gosses. La soupe et les trousses neuves, à la rentrée. La nuit qui tombe tôt. Elle. Lustrée de crème. Paillettes grasses. Rouge-à-pute. Cernes peints. Maquillée jusqu'aux doigts de pieds. Elle. Débile muette. Elle plonge béate ses yeux mouillés dans ceux de son capo-chef con, admirative alouette devant le kaki de bite tout en virilité de maçon, de CAP de charcuterie de justesse, mobylette et bitures, porno-films, Top-50, balloches patelins, bastons gares, ces deux-là *s'aiment*.

Cette idée. Cette idée qu'ils sont persuadés (définition du couple) de vivre le plus grand amour de tous les temps. Insupportable. Se figurent, entre deux coups de reins, entre deux permissions, qu'ils tutoient les étoiles. Nuages et sucre quand ils ne sont que poils et bave. Leurs anges ont des rangers. Kaki ciel. Septième ciel, comme une septième Compagnie. Hymen en promo. Passer des examens, des concours difficiles avant d'avoir le droit d'aimer. Bidasse et fiancée.

Lundi. 8 h 45. Agence. Je suis posté. Un banc. En face de l'agence. Je fais semblant de lire *Le Monde*. J'attends. Politique intérieure. J'attends. Actualités internationales. J'attends. Pages boursières. J'attends. Programmes télé. J'attends. Météo. J'attends. Mots croisés. Elle sort de l'agence. C'est elle oui c'est elle c'est elle c'est bien elle c'est elle. Pas un pli, pas une ride. La même grâce, la même beauté, la même fiabilité, la même ambiguïté, la même molécularité, non, plus belle, plus sublimissime que jamais. Hélène. La filer. Ne plus la lâcher. Impression étrange. Sentiment qu'elle se doute que je suis planqué quelque part, à l'épier. Sixième sens des belles. Intuition des fatales. Impression qu'elle *joue* à sortir de l'Agence, dernière prise exigée par un metteur en scène tatillon. Impression qu'elle se sent filmée par mon regard, omniprésent regard, flottant-dévoreur regard, nappe inquisitrice, proximité, obsédante proximité. Abstraite proximité. Une caméra cachée l'espionne : je suis derrière et elle le sait. Un top-model l'accompagne. Sublimissime hanchue grande à talons grue. Les deux copines refont le monde en marchant. À la manière un peu balourde des comédiens du cinéma français des années trente, Hélène en fait trop. Elle récite ses pas, ânonne ses gestes, caricature sa démarche, exagère les petits riens, plagie son naturel. Seul manque le noir et blanc. Quelques grésillements, et c'est le Ciné-club et le Cinéma de minuit réunis.

Un long travelling commence : je les file. Elles se dirigent vers les Champs-Élysées. Drugstore. Hélène ne s'est pas retournée. Elle sait que je sais qu'elle sait. Intuition féminine. Persuadée de me savoir punaisé à ses talons, crucifié à son ombre, elle a postulé ma présence. L'hypothèse, malgré cinq ans de silence, va de soi. Nestor ne s'oublie jamais. Ma filature coule de source. Hélène agit en conséquence. Elle interprète, à la perfection, le rôle de la femme traquée. Je les aperçois nettement. En retrait je suis. Le garçon prend les commandes. Nestor prend les commandes. C'est Gant Bleu qui pilote. J'adore les bons vieux jeux de mots. Ceux du bon vieux temps. Hélène. Aujourd'hui. Maintenant. Scènes du Drugstore, première. Je vois Hélène qui s'esclaffe, bien cinématographiquement. Ce rire pue le par-cœur. Coupez. On la refait.

Thé, éclairs au chocolat. Cigarettes au menthol. Elles rient une dernière fois. Prennent congé. Je danse comme un Comanche dans l'ombre de ses pas. Funambule de ses hasards. Trotte-menue, elle se faufile, s'engouffre dans les galeries, esquive les épaules, les coudes. Elle flotte évanescente sur la foule qui la mène à destination. Dans les rayons des magasins, elle hésite au milieu des confettis. Elle essaye des chapeaux. À la caisse, elle est la plus belle.

Elle s'en va, le vent la dépose et la reprend. Elle tient

des sacs. Elle touche des livres, son sourcil s'aggrave. Hélène croise, rencontre, s'impatiente. Ainsi trottant, s'enrhumant dans les bises en lames de décembre, elle laisse pleurer les piscines qu'elle a dans les yeux. Les directions la prennent, les arrêts se l'approprient : c'est le métro qui s'ouvre à elle, et les milliers se taisent. On libère les places, on l'accueille, on l'invite. Les hommes se font minuscules. Les existences en veulent à leur destin de ne pouvoir la tutoyer, porter ses sacs. On la contemple comme un remords. À peine a-t-elle disparu, qu'on la regrette déjà plus que l'amour de toute une vie. Les jeunes se sentent trop jeunes, les vieux, trop vieux. Les regards se croisent, font le point : il n'y a *rien* à faire. Elle descendra bientôt, à la station Toulouse-Lautrec, définitive dans les mémoires où son âge s'est arrêté. Dans mille têtes pour toujours avec ses sacs, Hélène distribue son éternité.

6

Où va-t-elle ? Où vas-tu ? Montparnasse-Bienvenüe. Hélène descend. Rue de l'Arrivée. Hélène s'engouffre dans un vieil immeuble. J'attends deux minutes. J'y pénètre à mon tour : elle s'est volatilisée. Une hôtesse vient à moi :

— Bonjour monsieur... Vous désirez ?

Avec une assurance pleine d'autorité (une réminiscence du temps des héroïsmes, quand, dans la forêt de Sherwood, à la sortie de Montargis, cape et gants faisaient bon ménage) je fixe la jeune femme en souriant comme le Gant Bleu que je fus eût souri. Et, sur le ton du conspirateur, le sourcil (*eyebrows,* en anglais) froncé :

— J'espionne mademoiselle Hélène Moreau... Ça ne se voit pas ?

Amusée, l'hôtesse étouffe un rire complice.

— Quatrième étage, studio 423... Je ne vous ai rien dit...

Je suis dans l'enceinte de la Première chaîne de télévision française. Ascenseur. Hélène. Mais qu'y fait-elle ? Pauvre Hélène dans la gueule du loup. Travailler à la télévision... Essuyer les affronts des animateurs et le foutre des journalistes, épousseter les micros célèbres. Astiquer la clinquance et redorer les blasons. Arroser le plastique des fleurs et changer l'eau des requins. Repeindre les podiums tristes en vert vif et rose pomme. Lubrifier les roues à fric et les manèges à partouze. Ramasser les lots et renifler les petites culottes. Ramasser les mégots et caresser les egos.

Dédale de couloirs. Studio combien déjà ? Quatre cents combien ? Ce doit être celui-là. J'ouvre la porte. Spots. Lumière blanche. Qui m'aveugle. Coulisses. Je m'abrite derrière un rideau rempli d'étoiles et de dessins d'arc-en-ciel. J'entrevois un décor saturé de couleurs, de faux arbres et d'enfants pâles. Juchés sur des trottinettes et des tricycles, ils évoluent, pantins tristes, dans trente mètres carrés de carton-pâte figurant le paradis des têtes blondes et des devoirs faits.

Ici, un marmot drogué récite des cris de joie en tapotant sur un énorme ballon de plage. Là, une fillette qui attend la quille joue au bowling en souriant mal. Au fond, un petit gros inquiet fixe les caméras en suçotant des bonbons (colorants E 220, E 210, E 330). Quand soudain surgit, sur un tempo forain criblé de grosses caisses, une espèce de grosse baudruche orange à taches jaune pisse qui beugle comme trois cents veaux condamnés dans des succursales de l'aube, à Rungis. Je le reconnais aussitôt : c'est Casimir, le monstre gentil.

Je sors. J'ouvre d'autres portes. À la poursuite d'Hélène. Pendant une demi-heure je tourne, en vain, dans le labyrinthe. Ici, peut-être ? Là ? J'essaye là. Vestiaires. Casimir encore. Version coulisses : un type, la quarantaine chauve, se débarrasse de la peau du monstre gentil. Il pleut sa sueur. Triste mec. Il me regarde de travers. Pauvre vie, me dis-je : pour nourrir les siens, chaque soir il troque sa dignité contre un habit de kapok. Il abrite son anonymat derrière un sobriquet ridicule célébré par des millions de marmots téléphages. Bien malin le moutard qui suspecterait telle métamorphose. Génial qui devinerait que se planque derrière la béate vivacité d'un compagnon d'avant-dodo les traits las d'un petit syndicaliste couperosé. Traumatisé, qui saurait déceler, parmi les bouffonneries infantiles et les sambas rigolotes, les contingences ravageuses du quotidien adulte. Précoce, qui reconnaîtrait par-delà la débauche des tendres inepties les exigences d'une activité rémunérée : sous la mousse du monstre s'agitait un salarié.

Alcoolique de surcroît. Le gai visage de Casimir cache une décrépitude de poivrot. Déjà mort, Guy Pouillard donnait chaque soir vie à un rêve morne. Chaque soir, à 19 heures précises, il s'immisçait par le tube cathodique dans les foyers de France pour y brader un peu de joie sponsorisée.

Je reste coi. Je pense à ces enfants (à celui aussi que je fus) qui ne ratent jamais la moindre mésaventure du joyeux reptile préhistocon. Les aventures de Guy Pouillard. La réalité. Les enfants de Guy Pouillard. Norbert et Totophe. Ils ignorent tout de la prostitution télévisuelle de leur papa. Oserait-il, un jour, leur avouer ? Après une biture, peut-être. Honteux Guy. Il continuerait. Il continuerait, dans le silence et l'ennui, à sous-louer, pour subsister, les mouvements de son corps vieilli. Envahi par la pitié, je quitte le vestiaire en claquant la porte.

J'ouvre une autre porte. Hélène, ma fiable, Hélène, mon amoureuse, Hélène. Vite. Te revoir t'expliquer te séduire te parler. Te dire pourquoi. Comment. Projets d'avenir. Nous deux. Toi et moi. Construire enfin ce qui n'a jamais été. Où es-tu Hélène ?

Studio immense. Un manège saturé d'or délavé et d'étoiles de carton nickelé. Parterre de gérontes hilares. Au beau milieu, une fonctionnaire du rictus, blondinasse et présentatrice, branlote un microphone pour la postérité des mouches. Posés sur des chaises fatiguées, des cancrelats célibataires postulent au bonheur en prenant des notes. Séparés par une cloison, mâles et femelles, Bic en rut, hypophyse en flammes, s'accablent de questions fondamentales dans l'irrépressible but de s'enculer tout à l'heure, après les frites à volonté du Bistro Romain.

Bradant en direct leur sensualité à fleur de slip, ces hémiplégiques du neurone usent d'un argot pathétique et glissent, çà et là, des dégueulasseries anecdotiques sur leurs parties de couilles de sous-préfecture. Heureux et trônants, du haut de leurs gradins, vieux et vieilles applaudissent, bien en cadence, de tous leurs os. Pluie réglée d'enthousiasme millimétré. Je referme la porte.

Studio 318. Là, sous des acclamations électroniques, siffle à la vitesse de cent sacs à l'heure, une roue multicolore. Derrière des pupitres laids, des avachis rigolards troquent des consonnes, bradent des voyelles, sous-louent des guillemets et hypothèquent des apostrophes. Une véritable O.P.A. sur la langue française. Un cuistre surpayé microphone des poncifs, soucieux de dérider la beauté muette d'une préposée aux applaudissements qui lui sert de muse. Un charcutier de Nogent vient de gagner un séjour de douze années pour deux personnes et un chien sur une île d'Uqbar pleine de soleil et de nichons. Sous un halo de bravos envieux, une concierge obèse débraillée du Xe arrondissement décroche sans savoir comment l'Encyclopédie Universalis et un ordinateur dernière puce. L'infortuné perdant, lui, réconforté par une conne, se console avec un magnétoscope japonais, l'intégrale en compact d'un accordéoniste de renom, ainsi qu'avec un lot de cassettes pornos, et *De Nuremberg à Nuremberg*.

Je suis retourné au vestiaire. J'ai enfilé l'habit de mousse de Casimir. Retrouver Hélène, sans me découvrir. Je sors. Deux types me hèlent :

— Hé Guy, tu viens à la soirée ?

Ne pas me trahir. Travestir ma voix. Facile : il me suffit d'imiter celle du monstre gentil. D'une voix nasale, ridicule, tonitruante, je lance un :

— Quelle soirée, les gars ?

— Dis donc, Guy, tu crois pas que tu en fais un peu trop, là ? C'est fini le boulot... On comprend que tu puisses t'identifier à ton personnage *(rires)*, mais quand même tu pourrais tomber le costume et venir avec nous t'en jeter un... C'est la soirée des vingt ans de la chaîne, tu vas pas nous dire que tu as déjà oublié ? Il va y avoir de ces canons mon vieux, ça va donner...

— Gérard a raison... Y aura des tueuses... Des tueuses ! Et puis... Champagne à gogo !

Toujours du nez, j'esquisse un « Heu... » trop mou pour que les deux débiles ne m'entraînent pas avec eux, me flattant l'encolure, jusqu'au vestiaire.

— On ne partira pas d'ici tant que tu ne te seras pas changé ! Allez ! Zou !

— Ah ça ouais ! Et puis pense que tout le beau monde sera là ! Tout le gratin mon vieux ! Y paraît même que le Premier ministre viendra ! Et puis la bouffe, je t'explique pas ! On va pouvoir enfourner velu !

— J'en ai déjà les dents du fond qui baignent ! Tout gratos ! Les petits fours ! Caviar ! T'en bouffes pas tous les jours dans ton île à la con du caviar, hein ? C'est pas Dusnob qui t'en refourgue, hein ? C'est pas le facteur qui t'en apporte ! C'est pas Julie qui t'en prépare *(rires)* !

— Allez, vire la panoplie, magne-toi, enfile un costard, et fais pas chier !

Le piège. Je suis foutu. Trouver une parade. Vite. Je ne peux pas leur expliquer Gant Bleu, leur raconter Hélène. Je tente l'énormité :

— Vous savez ce qui serait vraiment génial, les gars ?

— Non...

— C'est que j'y aille comme ça... Ça amuserait tout le monde, et puis la vraie vedette, c'est Casimir... Moi, personne ne me connaît... C'est une soirée anniversaire ou c'est pas une soirée anniversaire ? Pour créer l'événement, je crois que le mieux est vraiment d'y aller tel quel...

— C'est vrai que c'est pas con...

— C'est fantastique tu veux dire... Guy, t'es un grand ! Un grand grand grand ! Du grand grand Guy !

Allez, adjugé, assez parlé, on y va, ma voiture est en bas !

Couleurs, cliquetis tchin, bariolages d'élégances, smokings. Des yeux partout des têtes, les mains happeuses de drinks, cocktail. Davidoff, volutes et canapés hop. Barils de liqueurs pour baronnes en banquet. L'azalée flotte dans le Ming. On s'adonne au merci. Un sublime goûte un coquillage. Bas-bleu. Ici une femme d'époque, profil de cire et mouche avisée, dépiaute un scorpion d'Alep au kirsch. Elle fut dit-on violoncelliste au temps des tsars, musique, aujourd'hui poétesse fanée dépisteuse de jeunesses. La taille, plus loin là, au buffet, d'une rousse de lignée, une flûte ma parole, la hanche nomade et le téton extra. Ça sent la marquise, la débauche à baldaquin. Fumets. Saumon sur toasts, lune et balcons. Au vestiaire poussent deux nègres en pot, coco-pingouins à l'épiderme éduqué. Ils surveillent. Au salon la mèche en bataille d'Édouard de, cuistre bon sang à l'emporte fripe, poitrail au vent monsieur, offert au fleuret d'un jaloux. Label Byron pour les dames du parterre.

Les gens m'agrippent, m'entourent, me touchent :

— Bonjour Casimir !

Même le Ministre s'en amuse. Je suis la star. Ma tête tourne. Ma tête est sous celle du monstre. Ma tête est ailleurs. Tête chercheuse. Ogive de peluche.

Hélène est maousse au milieu des modalités. Elle fabrique des motus en bousculant les nombreux. Les fleurs de lys s'inclinent. Révérences. Tous tombent. Glands. Tipitop. Transe devant la poupée-miss panthère : grigous chauves baise-maniaques, déjantés vicieux vicomtes, ladres à Porsche ébahis : la totale racaille des ramasse-dot saupoudrés. Mille mousquetaires, des faquins, au présentez-verge lorsque Hélène fredonne dans les rangs, secoue sa dentelle sous des trombes de phosphènes en baladant son karma. Se fendille la minifoule, elle passe, Sa Majesté Sourire. Des flèches d'yeux picotent le mille de sa reine-croupe. Les huiles généalogiques se répandent. Onction. Verve : les promesses remplies d'hermines et d'astragales, de palaces trapus sur les dunes d'Iran. Mais elle, patronne, qui balaie en rigolant les hallalis.

Dans ma peau de Casimir, je la surveille beaucoup, l'approche un peu. Observateur. À mon poste. Je suis le monstre qui fait rire. Désire-t-elle un petit four, mon cœur ? Une tartelette à l'anis ? Du cake au poulpe ? Un jus de moule ciboulette *on the rocks* ? J'accours kamikaze. J'avance vers elle. Incognito, princesse. J'avance vers toi, Hélène. Suicide. Solo de myocarde. Grosse caisse. Tchikitchi. Du dingue. Oula. Sûr héros. J'avance. Bain de foule. Je glisse et je nage. Je m'achemine. Je me rapproche. Guidé par. J'avance oui. J'avance vers elle Hélène, champagne en poupe sur mon plateau d'argent. Serviette lisse. Elle se sert une flûte. Puis, pour me remercier, elle passe sa main moléculaire autour de mon cou, heureuse, ravie, ambiguë, comblée :

— Merci Casimir, merci !

Hélène m'a embrassé. Hélène m'a embrassé. Hélène m'a embrassé. Hélène m'a embrassé. Hélène m'a embrassé. Pour la première fois. Quinze ans que j'attends ça. Hélène a embrassé Nestor. Hélène m'a embrassé. Hélène m'a embrassé. Hélène m'a embrassé. Hélène m'a embrassé. Hélène m'a embrassé.

Elle porte ses lèvres à la flûte que je lui ai offerte. Cette flûte. Sa flûte. *Notre* flûte à présent, amour ô toi dis. Ne plus la quitter des yeux. Voir où elle la posera. Pour la subtiliser, la garder, l'adorer, la collectionner. Hélène n'est plus qu'une main qui tient notre flûte. Main flûtée, flûteuse, flûtante, flûtiste. Ça dure longtemps. Mi-pleine, la flûte. Au quart à présent. Sablier-flûte. Collection de flûtes, oh oui, de verres (à liqueur, à moutarde, à dents), de chopes, de gobelets, de tasses où Hélène a posé ses lèvres. Tout ramasser. J'alignerai tout cela dans une verrothèque, une lévrothèque, une soifothèque, une désaltérothèque. Avec les sous-divisions : cocktailothèque, petitdéjothèque, potdedéparothèque, dégustationothèque. Je colle de petites étiquettes, bien discrètes, avec la date et la nature du contenu : 11 avril 1979, jus de pomme (deux glaçons), 31 décembre 1980, Veuve-Clicquot millésimé, 2 août 1981, limonade glacée avec paille (j'ai conservé la paille), 15 juin 1982, verveine (un sucre).

Un papi duc monoclé se promène sur les remparts d'Hélène. Autour virevolte. Ça danse : un rigodon vicelard, et des virages dévisageurs envisageants. Il lui sourit. Bavardage. Vante la beauté demoiselle. Place un peu d'esprit dans quelques mots-mouche. Hélène rosit. Malgré l'habitude. Patiente, elle attend la fin de l'hommage. Qui traîne, s'étire en coupelets, s'envole, pivote sur son propre verbe, fait des phrases et des loopings, chutes libres et salti syntaxiques.

Au fond, je vois à travers foule un dandy prince-galleux. Il observe Hélène. Gourmette en poupe et foulard en soie. Une caricature à mèche avec des terres fouettées par le galop des alezans. Un con blason à pattes cirées, bottines en daim de Suède, siècles et tradition. Il la fend la foule. Menton rasé levé haut snob. Il vole à elle et se pose, lui tend une coupe à ras-bulles millésimé, du qui chante 76. Hélène élimine d'un mépris de main le papi duc et sa lyre vieille école. Bonsoir. L'égérie gênée. Bis bonsoir. Hélène répond : elle lève son verre. Trinquage. Trinclure. Tous ces gens ici-partout : des trinclures. Ils trinquent. Ils trinquent à des choses. Ils trinquent à des trucs. À des santés. Leur sale santé défaite qui vau-l'eaute. Leur petite santé cafouilleuse qui toussote du glaïeul dans les corridors du Père-Lachaise. Tousse, tousse, et crache du gâteau sec dans le champagne des ulcères et des infarctus. Les bouchons vont sauter et le Samu va venir. La sirène couineuse et les blancs-messieurs. On a voulu du chambré pour les papilles, de l'antichambre on aura. Du Saint-Pierre en guise de Saint-Émilion. Un suc des collines du Rhône ? Que non : le sirop des intraveineuses, et du trépas au bout. Gueuleries fines, amuse-gosiers, caquetages sous lustre, cols d'amidon : adios on meurt, on débarrasse. On avait mille paires de Church's à banquet et on ne verra même plus ses propres doigts de pieds, ils restent au fond du lit, on ne pliera plus ses genoux, on s'allonge avec télé, et mort viendra. Les indiscrétions diplomatiques, les fausses vraies fausses révélations sur les parties de slip des ministricules, les bâtons rompus de Guignol et les secrets de Polichinelle : ça aura servi à quoi ? À quoi tout ça mes trinclures ? À rien, fin de l'épisode. Chipoteurs délicats, gorets gourmets, épustufleurs de crevettes, redemandeurs de caviar : crevage pour vous en cette heure, et j'entends les matines, qui ne savent pas votre agonie. Le 28 juin 1954, vous vous étiez préparés. Vous vous étiez faits beaux. Queue de pie au cul, la chaussure précise, cirée lisse, la brillance bien noire, celle d'un lac la nuit. Toute une valetaille s'était courbée pour vous faire le peton anglais, astiquage Big Ben, à l'heure de Londres. Papillonnant du nœud, glabres à branler les biscottes, les plis là où il faut, l'oignon à tête de gueule, les boutons de manchette à têtes d'initiales. Madame s'était fait attendre, poudre et dentelle, psyché, trois bonniches roses à jouer du corsage, ho-hisse sur le cordon telles des mousses sous la tempête. Une mouche au menton, à la joue encore, on est prête, attention ! on ne chie plus. Trinclures à cimetière, aujourd'hui, les rafales de brume et la sévérité des pierres. Cailloux en plein silence. Les escaliers ne sont plus descendus par. Pantoufles de vair, jadis. Monceaux de terre, aujourd'hui. On en a terminé avec les caprices et les manies. Les phares de Porsche et le coin-coin des Ferrari. La mort au bar, trinclures. La faux sur l'épaule qui cligne de l'œil comme une poule de luxe. Que c'était bon, les tartelettes au viandox, magnifique, les travers de marcassin. Ça restait un peu en bouche au niveau goût. Vous habitez un grand cimetière, désormais. Vos tombes ont des formes de petits sandwiches, de canapés, et vos silhouettes se tordent comme des chips. Champagne, trinclures, champagne.

— Vous voulez faire un tour ?

Un bolide parqué dehors. Il le désigne du doigt. Hélène fait semblant d'être étonnée. Une Porsche sous les tilleuls-sous-la-lune du parc. Une vraie fusée dit-il. De la vitesse à demoiselles, des étoiles.

— Vous voulez faire un tour ?

Si classique oraison dans la triste drague, indigeste

imagination des couillus. Les mêmes théorèmes, jusque dans la nuit. Lemmes standards, artichauts. Et femme qui toujours opine, le long des siècles. Tralala, tombe dedans, elle adore, Hélène est femme, ce sera oui :

— Pourquoi pas ?

Donc ils fuseraient. Eux deux. À deux tout seuls. À travers blés sur des autoroutes. Ils croiseraient des papillons. La grive musicienne, le rossignol. L'homme-à-bite poserait une main sur la femme-à-genou-rond. Main mâle au panier d'Hélène, salopard. Une brume, nappe bleue, écharpe. Les champs alentour, la forêt. Des genêts. Il promettrait. Buissons et lys. Elle se pencherait. Aubépine, sapins. Un peu de sa langue sur un peu de sa couille. Petite oseille. Il se pencherait, frotti, frotta. Rubans d'argile, angélique des bois. Ils se toucheraient dans la vitesse. Glaise, limaces, escargots, le bruit des pluies sur la feuille. Et la mousse aux champignons.

Ils sortent, perron. Ils descendent les marches. Romance et vieille lune, toute jaune pour eux. Tout est tranquille dehors. Serein. Doux comme un vent. Du léger. Ils ne se donnent pas la main parce qu'il est encore trop tôt. C'est le temps des roses, encore, des baisers qui riment, alexandrins. Des petites baves amoureuses à la chatouille coquine. Les regards rapides à la signification si longue, si lente de promesses et d'avenirs pour toutes les vies. C'est l'heure de la forêt qui chante et des écureuils qui gambadent. Pas des sangliers qui niquent ou des mulots qui s'enculent. Romarin, chèvrefeuille, folioles et rosée. La musique d'une bisule dans le treillis des buissons. Elle monte, claquement de portière. Blanche marguerite. Il monte, claquement de portière, clefs, tigre, moteur, ça tourne, ça crisse, ça démarre, c'est parti. Vole au vent la chevelure de ma petite fiancée. Petit point au loin l'automobile déjà, frôlage d'horizon, une lame.

Comment les suivre ? Comment les suivre au bout de leur monde égoïste, leur petite solitude binomiale, injuste, désespérante, toujours la même ? Sinon en empruntant le même engin, ici, sur le parking. Je m'exécute. Une Porsche bien bleue. Vestiaires, fouillage en règle, de l'intuition un peu, et de la chance, beaucoup : les voici les voilà. Course. Sueur. Une première, moi au volant de ça. Sport et gloire, poursuite *et caetera*. Je monte, claquement de portière, clefs, tigre, moteur, ça tourne, ça crisse, ça démarre, c'est parti. Pied au champignon, rumeur champêtre à travers vent. Une météorite jalouse à la poursuite d'une chevelure de comète infidèle. Vite vite avant que. Les rattraper. Les rattraper ou mourir.

Des morceaux de monde dans la carcasse, des vitesses et de la tôle, roule-roule Casimir évadé de son île, patte orange au plancher, mousse têtue. Rattraper Hélène. Les rejoindre. Guêpes et frelons. Sourire heureux du monstre gentil. Mais sous le kapok où l'on sue, la grimace de Nestor se fige. Ses mains à quatre doigts crispées sur le volant. Des gouttes perlent sur son front sous le casque souple du visage rigolo. Plus vite plus vite. Troisième. Quatrième. Cinquième. Hystérie. Casimir rit aux anges, Nestor enrage en dessous. Masque hébété cache la colère. Derrière l'œil rond con gai du proboscidien cathodique se dessine le sourcil anglais de Nestor quand Nestor sait ce qu'il veut. *Eyebrows* d'antan, droit vers l'horizon, équarrisseur de molécules et dévoreur d'espace. Plus vite.

Je les aperçois enfin. Point qui oscille, au bout du bitume. Là-bas là-bas. J'accélère. Heureux figé dans le sourire de l'Île aux enfants et des printemps éternels. 160. 180. Le point grossit, la nuque d'Hélène bientôt se dessinera nettement, sa crinière vole-au-vent. Guêpes et frelons. Dans le rétroviseur, ils doivent déjà s'inquiéter de la masse orange imbécile, béate et moussue, célèbre, qui se rapproche et les talonne avec cette drôle de félicité télégénique dans un rictus cousu. C'est toute leur enfance qui les rejoint, à 180 à l'heure, sur une départementale isolée. Voici venu, Hélène, le temps des rires et des chants. Je klaxonne. Me voilà à leur hauteur, nous roulons côte à côte. Je tourne ma tête de Casimirus vers la droite. Hélène et le type hésitent. Entre le rire et la peur. Entre la caméra cachée ou la folie d'un névropathe. L'idole du temps des Choco BN, de la marelle et de l'élastique. Coucou c'est moi.

Ils optent pour le canular. Me font des signes rieurs et complices. S'ils savaient. Si tu savais, ma mie Hélène, que la baudruche débile de ta tendre et rose enfance abrite l'adulte brisé qu'est devenu Nestor.

Tu salues le dinosaure bêta. Le Casimir de 1974, celui de 1976. Nous avons sept ans. Toi et moi. Toi, Hélène, et moi, Nestor. Molécules et gants bleus. Pied au champignon de Jouvence. Les années champignon. Folioles. Avec la maîtresse dans la forêt, près de Toulouse-Lautrec, capitale des Comanches. Bip bip, et je klaxonne encore. Le visage d'Hélène se crispe. Son type, guère plus rassuré, fait le coq, je vois sa moue qui se veut virile, rassureuse de belle. Nestor-Casimir est venu te la reprendre, manant. Elle reviendra dans l'Île avec moi.

Nous y verrons de gros papillons jobards, à taches bleues. Et puis rouges aussi. Des facteurs patibulaires couperosés. Des snobinards à cannes. Des ballons distribués par François. Les scoubidous de Julie. La course-en-sac, les trottinettes. La mer et le bleu de la mer. Des dunes comme des nattes de sable, pendues au ciel, les vagues lentes. Des morceaux de soleil. Azur et caramel. L'orange flou des morts de soir, la nuit qui respire. Les comptines, Mère Michel et farandoles. Nous irons là-bas, mon amour. Les aubes y ont le goût d'un bonbon.

Je frotte la carcasse de mon véhicule contre la leur. Ça râpe. Étincelles. Ça crisse. Insultes. La frousse et la colère. Ah ah. Bleus yeux inquiets de ma petite fée d'autrefois, sa frimousse traumatisée, intacte de stupeur, comme lorsque moi, Gant Bleu, j'escaladais la pierre de sa demeure jusqu'à son drap. Les années Cocoboulon. Les années Holopherne. Ah, Holo, mon Holo, ta tête est devenue celle d'un gros lézard préhistorique. Elle roule sur mes épaules à présent.

Machin s'énerve, fait des signes en forme de jurons. Ça va pas, non, etc. C'est un malade ce type, etc. Rien d'original. Et face aux frousses et grossièretés, face aux menaces paniquées du petit couple insupportable, le sourire éternel en mousse, le rictus Casimir, *made in* le pays des joies. Face à leur sale adulterie insulteuse et grave, méchante, l'infinie naïveté d'une bouille orange ronde, idiote et dessinée. Nestor voit par la bouche du monstre. Rigolo. Je deviens fou. Je percute leur véhicule, encore et encore. Panique à bord pour eux, joie si grande, de mon côté. Oh oui si grande. Ils accélèrent. Et j'accélère.

Ici, l'imagination du romancier devra prendre le relais. Décrire d'une écriture bien serrée, nerveuse, une course-poursuite, avec des virages, des précipices, de la poussière. Un beau fil de récit, de la divagation à suspens, c'est pour le lecteur, surtout. Des routes, des kilomètres de route. Un film américain en somme. Un couple de jeunes amoureux poursuivis par un fou jaloux à tête de baudruche orange. Beau synopsis, non ? Nestor pourrait se tuer en voiture. Platane. Ou bien les deux autres. Ou Hélène toute seule. Ou son galant ravisseur tout seul.

Que la fiction est étrange. Elle n'existe jamais. C'est un peu de mémoire, rien d'autre, des souvenirs abîmés, des trous qu'on répare. Du mastic fanfaron. Je ne me souviens de rien. J'ai dû rouler longtemps. Longtemps. Je les ai suivis. Longtemps. À travers tout. La nuit, l'aube, les arbres. Nous avons traversé des jours et des régions. J'étais une bête. Une machine. Une bête-à-suivre-au-bout-du-monde. Je m'exécutais, sans état d'âme, sans âme. Mon pied pesait lourd sur l'accélérateur. Et lourdes mes paupières. Je ne me souviens de rien.

Je ne veux pas me souvenir. Des miettes de métal, comme des guêpes, et des flammes, je me tais. Lutter contre ces souvenirs. Ce souvenir. L'égorger. Le poignarder. Mais j'en ai trop dit pour aujourd'hui. Je me suis trop souvenu. Assez comme ça. Tais-moi.

Troisième partie

ON IRA TOUS AU PARADIS

1

Les couloirs de la clinique s'échappent de tous côtés. Fourmilière. Odeur de l'éther. Une lueur humide, voûtée dans la proximité de la mort, fait muer les lourds piliers couleur d'os en cippes funéraires. Le silence y slalome. Échos de cliquetis. Fantômes. Le silence, anguille dans un aquarium de coton. Claquements de sandalettes en bois, martèlent. Ce sont les pas des infirmières habituées. Et puis les pas penauds des translations difficiles, les petits pas des grands malades. La mort qui boite.

— C'est le jeune de la 416... Un accident de voiture... Il a bien failli y rester...

Les odeurs d'éther persistent, s'incrustent, volent comme des papillons morts. Des grand-mères jaunes regardent la jeunesse avec une compassion éteinte. Elles ravalent des mollards malades. Les couloirs. Des chaises. Les murs tristes et blancs, les corps délavés, la peur et le temps.

— On l'a retrouvé dans un sale état...

Des bruits de métal. Des cris, quelques ronflements perdus, des membres condamnés, sciés, des myocardes vacillants, des élans épuisés, des vies lentes. Des susurrements sourds. Des toux, des pantoufles qu'on traîne, des journaux qu'on plie, des magazines pour les morts. Des vieillards sales plein les pattes, vermine, des ascenseurs importants, des étals d'organes vitaux, des salles fatales. Tombes, croix, tempêtes de pluie. Des noms de piqûres et de médicaments, au milieu des gargouillements et des viscères, des glapissements étranglés. Des clapotis suppureux, des vomissures olivâtres. Des algues de boyaux mauves. Des chancres. Des cloaques. Des horreurs de démence sous les verrues derrière les tumeurs, au coin des cancers. Des microbes bleus, des cernes noirs. Des pyjamas mordus par l'urine.

— Il en a pour des mois...

Des têtes. Des bouts de lit qui dépassent, des portes de chambre entrebâillées, des sirops verts au bout des intraveineuses agrafées sur des bras d'enfants qui feraient mieux d'aller jouer. Des visages crispés, des pendus. Des brûlés, de la terre dans les yeux, demain matin, des cauchemars avec des bêtes qui pincent, des chauves-souris. Des bistouris. Des puanteurs. Des églises. Soleil noir. Des morts de vingt ans. Des humidités louches, des ecchymoses, des clappements lointains, des dégradations imperceptibles et pourtant si rapides, des contorsions nasillardes. Des secousses de tétanos. Des poupées anéanties. Des mannequins amputés, des ombres clopinantes. D'interminables délivrances.

— Les jeunes sont pas prudents sur la route. C'est comme ma fille... Encore un qui devait sortir de boîte et qui avait bu... Ils l'ont retrouvé déguisé... Un déguisement de mousse...

— Ça a amorti le choc...

L'odeur des excréments qui plane, les mimosas et les roses, les vapeurs de pisse, les relents de fin. Les finissures et les moisissures et les pourritures. Les dévitalisés funèbres, enroulés comme des pestes dans des chiffons épais, arlequins écorchés dans des boîtes aux dimensions standardisées, marionnettes et pantins, les clowns, dernier soupir. Des boîtes qui attendaient.

— Vingt-cinq ans...

— Il y avait deux autres jeunes... Ils n'ont rien eu.

Des viandes et des chiures, de la sciure et des yeux, des pets rouges. Des agonies lasses, des épuisements fous. Des sursauts et des accidents, des sondes et des scanners, des discours et des sagesses, inutiles, des trucs sur le temps qu'il fait, un hiver dégueulasse, des évanouissements débiles, mille comas. Les lourdeurs, les chaleurs, les pincements, les bilans, les tablettes, les néons, les regrets, les luttes, les illusions. Un suicide. Les envies, les besoins, la télé couleur, les pleurs. Les courageux, les trouillards et les pas dignes, les lâches.

— La jeunesse n'est pas prudente...

Des bébés et des accidents. Du sang dans des tubes et des épitaphes sur les oreillers, en auréoles de salive séchée. Des bribes de trépas et des monuments, du marbre et du néant, du poison, deux poèmes fichus. Chairs et gens, de la vraie souffrance, de la folie et des crachats, des Christs. Des cachets, des suppositoires, des radiographies et des pansements, du sapin. Des cruautés, des hasards, les murs, les araignées y galopent, la nuit.

Ici, nul ne prête attention à Hélène. Drôle d'univers. Ses cheveux tombent sur ses yeux gonflés. Elle traverse les couloirs, s'engouffre dans un vaste ascenseur orange qui se referme sur elle comme une conclusion. Elle déboule dans un dédale de blancs. Des gens y grouillent, à la gestuelle mathématique. Personnel médical. Une précision inouïe aiguille les mouvements de ces hommes et de ces femmes vêtus de blanc, de vert. Ce brouhaha muet, incohérent d'apparence, s'appelle l'espoir. Suractivité qui veut du bien, mise en branle pour rafistoler des vies. On répare ici l'organisme, on retape les santés. C'est l'usine des pièces défectueuses. On tente de les remplacer. Lorsqu'il n'y a plus rien à faire, on les expédie à la Maison Mère, chez Notre Père.

— Chambre 416, s'il vous plaît...

— Juste la porte en face, mademoiselle...

Spectres, j'ai froid.

— Laissez-nous cinq minutes, c'est très important !

Silhouette floue. Voix précise : c'est elle. Je n'ai plus bougé, je n'ai plus parlé, je n'ai plus respiré. On était bien, là, tous les trois, Hélène, le silence, et moi. Elle, vivante et moi, mort. Elle, ailleurs et moi, sur le lit.

— Nestor, tu sais, je...

J'ai six ans. Les arbres sont des statues dans l'hiver.

Bleu givre. Ce petit vélo orange qui grince, c'est le mien. J'ai ôté les roulettes et je porte un casque de motard, comme les vrais. Je ressemble un peu au lion Peugeot dessiné sur le cadre. Je suis trempé sous mon gilet de laine marron. Le col de mon sous-pull (vert pomme) me gratte. De la fumée s'échappe de ma bouche. Dimanche de février. J'appuie très fort sur les pédales, l'effort me propulse, je fends le vent. J'effraie les pigeons, ils s'envolent, craintifs, retombent comme leurs fientes, plus loin sur la pelouse, dans les biscottes que leur broient les vieux. Je suis très sérieux au volant de mon bolide, je suis motard, j'interpelle par signes, je verbalise, je vous arrête, je suis incorruptible. J'ai le soleil dans les yeux. Il ressemble à une ampoule électrique. La cadence s'accélère, j'attire la pente, je la ramène à moi, je soustrais des ondes à mes vertiges, j'absorbe les accélérations par les poumons, en rafales, la vitesse mouille mes yeux.

Mourir, ne plus se réveiller, jamais. N'être plus rien, qu'une bourbe sans yeux, une pâleur oubliée. Nous sommes venus sur terre et nous avons mangé. Nous avons ri, éjaculé. Et c'est déjà fini. La vie est un raccourci, le plus court chemin entre deux néants. Nous sommes venus un jour, c'était peut-être un dimanche, un jeudi, il pleuvait, il faisait beau. Nous avons piqueniqué dans les fleurs, nous avons eu vingt ans. Nous avons eu vingt ans et l'instant d'après quarante-deux, et l'instant d'après soixante-seize, et nous sommes décédés. Et partout autour de notre corps mort, ça continue. Des gens bougent, des muscles se contractent, des lèvres salivent, des dents d'homme mordillent des oreilles de femme, des yeux sont bleus, des livres s'écrivent. Nous n'avons plus qu'un monde, nous les morts : églises et glaïeuls, allées et dimanches, cailloux, silence, et la pitié. Tandis que notre corps s'achève, sucé par les petites bêtes, des entreprises font des bénéfices, on vend des maisons, des jeunes diplômés cherchent un cadeau d'anniversaire à offrir à leur toute jeune femme dont le tout jeune premier bébé se nomme Adrien.

— Ça... Ça va ?

Non, Hélène, ça ne va pas. Ma nuit s'est suicidée sur un souvenir nerveux. J'ai pris le relais : la nuit, c'est moi, j'en ai sucé jusqu'à l'ultime nappe d'ombre la solitude et l'étendue, j'ai tout bu. J'ai le monde dans le ventre, dans le crâne, sous mon casque de motard. Je vole à vélo dans les essaims de moucherons, à toute allure, bille d'acier chatouille-bitume, muet, je virevolte, au royaume des sylphes, criblé de mouches, dans la descente, à mille à l'heure.

La mort nous cloue arbitrairement à un endroit méchant, nous sommes fixes, seule l'âme peut bouger mais l'âme n'existe pas. Je ne vois pas d'esprit dans l'humain mort et pourri, je ne vois qu'une grosse tache de moisissures bleues au milieu d'os épars, des os pas finis, il reste encore à manger dessus, comme le blanc sur le poulet, le dimanche midi.

Le sommeil. Il nous offre un peu de mort, un échantillon. Comme ça, pour voir. Pour essayer. En position fœtale, dans le ventre de la mort, placenta imaginaire, le sommeil nous éteint, nous étreint, la tête s'alourdit, les membres s'engourdissent, la fatigue écrase le corps. Le voyage continue dans les yeux, deux araignées s'avancent, elles nous dévorent le crâne si l'on appuie sur l'œil. Des arabesques apparaissent, dansent, langoureuses, compliquées, inaccessibles et fantasques. C'est la mort.

Mes yeux sont plissés. Mes poings sont crispés, collés au guidon qui tremble à la manière d'une scie électrique.

— Qu'est-ce que tu as ?

J'ai peur. Je suis une flèche d'eau dans la glissade, le torrent me happe, couleurs et galops, je vois des cyclones. Des bourdons flous découpent mon casque et me brûlent les oreilles. Hoquets épileptiques, la carcasse vibre, course folle. Sol accidenté, mes dents claquent, castagnettes. Squelette mitraillette. Bitume dentelé. Je suis entre les mains des lois de la mécanique, je me suis quitté : dans mille douleurs anticipées, j'appartiens à mon sort.

Ne jamais mourir, rester encore un peu, cinq minutes. Respirer, prendre, entendre, goûter, voir et jouir. Je ne veux pas mourir parce que je veux encore, encore, encore, encore, encore goûter les brioches brunes et le raisin noir. Connaître d'autres mains de femme, d'autres matins bleus. Des corps de chevaux sur les plages d'Amérique, l'œuf à la coque, le parfum du grenier, la porte défoncée, l'âtre, le crépitement du bois dans la cheminée.

— Nestor, je suis venue te demander pardon.

C'est l'été, soleil, jardin. Les rosiers, leur lumière rouge sur le ciel. Hostas, dahlias, iris. Réveil. Les fougères entre les dalles, l'herbe à travers la roche, les pluies froides sur les monts violets. Les vieux murs, la Grande Ourse, les villages de Provence accroupis dans la nuit, les grillons, l'aubépine et les matins parfaits. La rondeur du cyprès, la mer quand la nuit quitte le ciel, le silence des bêtes. Les rivières, glacées comme des flèches qui tuent, leurs galets érotiques. Les étoiles frétillent dans le lac, l'humidité d'un sexe de femme au petit nez retroussé, des taches de rousseur sur les seins. La beauté des gestes, l'exercice de l'amour.

— On peut essayer, si tu veux... Tu veux qu'on essaye ?

Les océans, le jazz, les pins. Ce qui remue dans les branchages, et la poésie. Les rencontres, les maîtresses d'hier, les tourbillons frénétiques où la jeunesse puise ses nausées et finit par s'engloutir, dans une odeur de porto vomi. Encore un peu de temps pour caresser des chevilles, des mains, des genoux, attraper des peaux nues sur des rochers coupants, tirer des cheveux. L'instant, goûter à perdre haleine, chaque seconde qui s'éjacule du cosmos.

Quelle heure est-il ? L'heure ? Il n'y a pas d'heure. Il n'y a plus d'heure. Le temps s'est arrêté sous mon casque de motard, pour toujours. Le temps est mort dans des mains d'enfant inertes. Une flaque de sang. Un petit vélo orange. Un casque de motard fendu.

— Il s'en sortira... De justesse : il a eu chaud...

Je ne veux pas mourir, laissez-moi encore bouffer du poulet avec les doigts, laissez-moi baiser, offrir mon sexe à des lèvres blondes, ma sève à des culs de gomme goulue. La sueur qui perle, les aisselles, les grands parcs avec un manège et des marronniers, l'âme isolée dans les orgasmes, têtue, noyée dans les spermatozoïdes.

— Moi, reprit Hélène, j'aimerais qu'on essaye...

Je mouille les pouces : plus assez de temps pour tricher, il faut se rendre à soi, être soi, pour de vrai, pour de bon. Allons à l'essentiel, sans détours, sans monter des escaliers qui mènent à des bureaux, avec les ordinateurs posés, les écrans qui aveuglent. S'asseoir devant un clavier, crime impardonnable, imprescriptible, crime contre l'humanitude. Vie de travail et vie de néant, voici l'homme vieilli, incarcéré dans ses bilans, aux commandes, tableaux de bord, démantibulé, entre deux réunions avec des cadavres. Petite ambiance feutrée des vernissages, des cocktails, les cheveux huilés, les doigts crispés sur les cacahuètes, cravates serrées comme un emploi du temps, apéritifs et comptes en partie doubles, gâteaux secs et whisky, ils meurent en cons.

Loin, très loin de là, à des années-lumière de toute cette mort en instance de tombeau, très loin se vit la vie, ses vibrations d'étincelles, ses overdoses de navires, les rythmes. Les grands corps des oiseaux noirs, la trompette de Miles. L'hystérie des exécuteurs de salsa, les harmonies. Les poitrines dans l'automne. Sa chevelure blonde, la lumière pique la peau des doigts, elle meurt dans mes draps. Les plis de ses hanches. Hélène, une fleur de cachemire dans les cheveux. Jeune corps, beau comme un instant. Elle nage, la robe bleue de la mer la ceint. Elle griffonne un crawl sur l'immensité qui cicatrise à mesure qu'évoluent les muscles du dos blanc, lisse comme une baleine.

— Tu... Tu as dû beaucoup m'aimer...

La mort. J'ai pensé tout à coup qu'un jour ce serait mon tour à moi aussi, quel que soit mon mépris de la mort, mon cynisme, mon humour. Oui, un jour je mourrai. Les gens qui assisteront à mon enterrement existent en ce moment, sur cette terre. Ils font quelque chose à cet instant précis : lisent, se coiffent, lavent leur voiture, signent un chèque, ou baisent. Ils ignorent encore qu'ils seront les protagonistes de mes funérailles, minuscule petit drame vite oublié qui n'arrive qu'aux autres. Ma mort ne sera qu'un épisode de leur vie. Il y aura eu l'achat de la voiture neuve, la fois où Michel est tombé de l'escalier qui mène au grenier, la mutation à Tours, la naissance de Jérôme, mes obsèques, la nouvelle tondeuse qui n'a jamais aussi bien fonctionné que l'ancienne, la réception chez les Guerligny, le mariage de Lise et la dépression de Chantal. Ces gens-là existent, qui verront la pierre sous laquelle je ne serai plus qu'un amas. J'en ai déjà rencontré certains, sans doute. Mais plus mystérieux sont les autres : ceux que je ne connais pas encore et ceux que je ne connaîtrai jamais. Tous ces gens ne se connaissent eux-mêmes pas encore, pour la plupart, ils se croiseront pour la première fois au cimetière. Ils se retrouveront peut-être après la messe, iront se bourrer la gueule.

— Je sais, dit-elle, je sais... Tu as souffert... Tu as souffert à cause de moi... Je ne veux plus jamais que tu souffres...

C'est une drôle de pierre avec une date et mon nom dessus. D'un beau noir lisse où le soleil s'allonge. L'emplacement. Nous parcourons les routes, nous empruntons les chemins de traverse du monde, tout finit à une place précise et immuable. Cloués au sol. Tant d'allées et venues, des millions de milliards de kilomètres, d'hésitations, gommés d'un coup, là. Nos itinéraires complexes résumés en un point. Nombre infini de traces de pas qui convergent ici, sous le marbre à jamais.

Un grand silence, bordé de fleurs et de paix. Des

pierres sévères dressées partout, des noms, des dates gravées. Des graviers blancs, une ambiance de dimanche qui porte au cœur.

Mourrai-je à 6 h 33 min 19 sec, à 19 h 12 min 05 sec, à 12 h 54 min 28 sec, à 03 h 47 min 52 sec ou à minuit pile ? Mon poignet. Je regarde ma montre. Avec respect. Avec effroi. Comme si elle savait. Le cadran. Je fixe le cadran. Les heures. L'heure. Et dire que l'une d'entre elles sera ma dernière, ma toute dernière des dernières... J'ai peur des horloges, des montres, des aiguilles, des cristaux liquides. De tout ce qui mesure les durées. Et sur le poignet de quelqu'un qui assistera à mon enterrement se trouve peut-être déjà la montre qui indiquera l'heure précise à laquelle je mourrai. Je regarde à nouveau ma montre. On dirait qu'elle me cache quelque chose.

Et puis. Et puis il y a le lieu, le lieu très précis où, à une heure très précise, je mourrai. Ce lieu existe déjà, lui aussi, quelque part sur terre, peut-être à trois mille kilomètres, peut-être à deux minutes d'ici. La distance exacte, au millimètre près, qui sépare le lieu de mon trépas de l'entrée du château de Schönbrunn, à Vienne, existe déjà. D'ailleurs, à cette seconde précise, des gens se trouvent à cet endroit-là, mon dernier, ultime endroit, celui des adieux, le point géographique final.

Et puis. Et puis il y a l'autre lieu, très précis aussi, lui, le lieu où je serai enterré, le lieu éternel, celui où les gens viendront déposer des fleurs, le lieu du cimetière, couronnes, hommages, les mauvaises herbes, les allées, le mur, les cyprès, les glaïeuls, la chapelle, la brouette, les larmes, l'arrosoir, les dates, toutes ces dates, deux dates, qui résument des vies, deux chiffres séparés par un tiret, voilà ce qui sépare la vie de la mort. On devrait exiger une biographie sur chaque tombe. Ces deux dates : quel mépris des existences...

Le cimetière, son vendeur de cadavres de fleurs, avec ses gants pour ne pas se piquer avec les épines des fleurs mortes, il vit sur le dos des morts, tous les jours, surtout le dimanche. Les tombes collées les unes aux autres, avec leurs petits rebords en ciment, l'espace vital des morts. Se promener dans les allées. Regarder les noms, les dates, les âges de décès. L'âge. L'âge auquel je mourrai, à la seconde près. Sans doute, je serai le seul depuis l'aube de la création à trépasser à l'âge de 48 ans, 3 mois, 2 semaines, 5 jours, 6 heures, 24 minutes et 58 secondes, ou à l'âge de 29 ans, 1 mois, 3 semaines, 2 jours, 3 heures, 16 minutes et 8 secondes, ou à l'âge de 73 ans, 4 mois, 6 jours, 9 heures, 10 minutes et 2 secondes.

— Je ne te mérite pas, Nestor... Tu aurais raison de me renvoyer...

La terre embrasse les morts, elle pose des lèvres : la vermine. L'hiver est calme, debout, et plantés, les arbres, et couchés, les corps mangés. Il y a des membres sous les cailloux. Des pieds, des têtes, des langues. Tout fermente. Tout s'abolit sans bruissement, à l'aveugle, de l'aube à l'aube. Des illusions d'au-delà se digèrent aux alentours des absences figées. Les regards n'existent plus, dissous. Le ciel est clos. Seule règne une lenteur infinie qui travaille, s'étire et mâche à son rythme : le temps qui décharne et défait.

Le soleil ne brille plus, qu'importe. Plus de chants. Plus de rires. Plus de chair. Et le vin n'a plus de goût dans la poussière de champignon. Le lierre a poussé sur les conversations, les amours de jadis étouffent sous le lichen. La graisse a fondu dans les herbes : les morts maigrissent à nos pieds. Ils s'égarent à jamais, courants d'air, leurs chicots, leurs tumeurs, leurs bourrelets. Ils sont voûtés dans une cage de sapin, ils ne respirent plus. Ils ne rigolent plus, mais un drôle de sourire les ronge, jusqu'à ce qu'ils deviennent eux-mêmes ce sourire.

Ils faisandent sous l'haleine de la nuit, reclus dans un glacis de fleurs. Nous les appelons cadavres, défunts ou macchabées selon le respect qu'on leur porte, c'est-à-dire selon la peur qu'ils nous inspirent. Ils ne sont rien, plus rien, la raie enculée par des ombres pointues, les jambes mordues par des excroissances qui gigotent au fond du noir.

— Tu sais, soupira Hélène, ne t'inquiète pas, tu vas bientôt sortir d'ici... Je vais t'aider...

Enfant, j'allais sous les draps, tout au bout de mon lit, retourné, la tête à l'emplacement des pieds, je m'asphyxiais pour mieux jouer à la mort, l'appréhender avec plus de précision. J'affrontais le néant. À quoi pouvait donc bien ressembler la mort ?

Je suis décédé des centaines de fois, cendre, les yeux me piquaient, glaise. Je pensais à des nuits. Je restais là-dessous, immobile. Je bloquais ma respiration. Je chassais toutes les pensées. Je dialoguais avec des silhouettes. Rêves, souffrances, agonie. Et puis je venais ressusciter à la surface, m'échouais sur l'oreiller : je quittais le royaume des morts, cette apnée qui dure.

— Nestor, je...

Les tombes. Les noms. Les dates. Les soustractions. Celui-là est mort à 37 ans. 1913-1942. 42 moins 13. 29 ans. Cet autre, là, est mort à 61 ans en 1976. Mourir en 1976. Quelle drôle d'idée. Mourir en 76. J'avais huit ans. Pendant que j'étais occupé à avoir huit ans, des types en avaient 61 et mouraient. C'est incroyable. Tandis que je courais sur l'herbe verte et tendre, jets d'eau et jardins, en culotte courte, des taches de rousseur plein le nez, mercurochrome sur chaque genou, la planche à roulettes à la main, eh bien des gens étaient malades, terriblement souffrants, des gens étaient vieux, très vieux, leur 1976 à eux datait d'un autre siècle ou du début du nôtre. Il y avait une vie derrière eux, des sensations que je n'étais pas près de connaître. En 1976 il y a des gens qui savaient. Qui savaient qu'on n'est pas éternel, qui savaient la texture molle d'un sein, la douleur de l'amour, les labeurs du travail et la nostalgie de l'enfance. Dès 1976 ! En 1976, cette tombe, que j'ai sous les yeux, André Bolhorme, 1902-1964, cette tombe existait déjà. Quatre ans avant ma naissance, des mecs étaient morts, des femmes, des gens, *alors que je n'étais pas encore né du tout,* avaient déjà passé soixante-deux années sur cette terre, soixante-deux ! Tout ce que j'allais apprendre à connaître, laborieusement, tout ce que j'allais croire être le seul à découvrir, sans expérience et avec candeur, naïveté, eux l'avaient déjà vécu, compris, transcendé, englobé dans leur vécu plein de recul, de durée et de sagesse. En 1968, ils n'étaient plus là, eux, terminée pour eux, la vie. Ils avaient eu la *leur,* très bien, et puis ils étaient morts, c'est chacun son tour. Ce que je vais connaître en 2020, André Bolhorme l'a vécu lui en 1952. Son 1938 sera mon 2004. J'ai beaucoup de retard par rapport à Bolhorme.

Et puis. Et puis il y a cette autre tombe, avec photo. Photo-portrait incrustée dans la pierre, en médaillon. Maurice Fulinot, 1915-1971. Sur le médaillon, Maurice porte une veste de costume claire (la photo est en noir et blanc), une chemise à col droit, et une cravate noire, très sobre. Il porte aussi des lunettes rectangulaires, aux extrémités légèrement arrondies. Il sourit bizarrement, l'air un peu absent, on devine qu'il est appuyé sur une sorte de commode, de buffet. Il doit s'agir d'un détail d'une photo plus grande, plus générale, genre photo de famille. Mais là il est seul, Maurice, découpé, isolé. Et plusieurs problèmes se posent. D'abord, *quel jour* la photo a-t-elle été prise ? C'est très important. Nous sommes ici dans un domaine où les jours, les dates, les dates exactes, précises, ont leur importance.

Et puis. Et puis qu'a-t-il fait Maurice lors de cette journée, hein, qu'a-t-il fait cet homme, cet être humain, cet être *vivant* ? Nous savons déjà qu'il s'est vêtu, qu'il a pris soin de nouer sa cravate, une cravate noire, très sobre, *cette cravate-là* et pas une autre, celle qui figurerait sur sa tombe, sa cravate pour des siècles, sa cravate *à jamais*. S'il avait su, Maurice, que ce matin-là, en s'habillant, il s'habillait pour l'éternité ! Ce jour-là, le 2 mai 1967 peut-être, à moins que ce ne fût le 16 décembre 1970, ou encore la soirée du nouvel an 69. Ce jour-là, ce jour-là aussi, a existé. Bon. Il s'est habillé, Maurice, il s'est coiffé, s'est parfumé, a mis ses lunettes. À moins qu'il ne les ait mises plus tôt, juste avant de faire sa toilette, au saut du lit. N'y a-t-il vraiment *aucun* moyen de savoir ? Ne saurons-nous vraiment jamais, *jamais* ?

C'est insoutenable, le mystère de cette photo, de la journée de cet homme, et de cet homme lui-même.

Et puis. Et puis la cravate, *en ce moment même,* où est-elle, il y en a bien des traces *quelque part* ? Conservée ? Mais où ? Égarée ? Mais où ? Découpée en milliards de petits morceaux ? Oui, mais il y a bien sur terre, ou dans l'univers, d'après les lois de conservation de la matière, des molécules de cette cravate *quelque part,* dans un tiroir, sur la lune, dans les cheveux d'une femme, dans le ciel, ou au fond des océans. Elle a existé, cette cravate, non ? Et les lunettes, pareil pour les lunettes. Elles sont *où,* là, à cet instant très précis, les lunettes ? Dans un étui ou dans le métro ? Sur Mars ? Les binocles à Maurice, elles sont *existé,* elles aussi, hein, elles ont *existé,* pas vrai ?

Et puis. Et puis il y a la personne qui a pris la photo. *Où est-elle,* là, *en ce moment,* cette personne qui a vu le geste, le mouvement qu'a esquissé Maurice *juste après* que la photo fut prise ? Est-ce aussi celle qui a décidé, parmi des dizaines ou des centaines d'autres, que ce serait cette photo-là, *très précisément celle-là,* et pas une autre, qu'on mettrait sur la tombe, sur le marbre froid, dans le médaillon ? Est-elle morte, elle aussi ? Et qu'est devenu le buffet sur lequel Maurice semble s'appuyer ? A-t-il été racheté par un antiquaire qui l'aura revendu à une famille gaie avec des enfants jeunes qui chahutent près de lui, dans la même pièce que lui, des enfants tout pleins d'énergie et qui rient-hurlent à tue-tête, jouent à cache-cache. « Beau buffet ! » ont dit les voisins, monsieur et madame Pier-Gelicka, dimanche dernier, en voyant le meuble, loin de se douter que c'était un *meuble de tombe,* un meuble de mort, un buffet de firmament et de tristesse de graviers. Ils ont même regardé des photos où les enfants rigolent devant lui, le meuble, à l'emplacement du macchabée.

Et puis. Et puis il y a la maison de Maurice. La demeure de Fulinot Maurice, être vivant décédé. L'endroit, à jamais historique où le vertébré Maurice Fulinot, 1915-1971, a vécu, l'endroit où il s'est nourri, où il a fumé, souffert, joui, gueulé, aimé, bu, joué aux cartes, pris des décisions, chié, pissé, digéré, dormi, soupiré, sué, travaillé, regardé la télévision, lu son journal, savouré son café, fait des enfants, reçu des amis à dîner. *Où* est-il cet endroit ? Plus facile à retrouver qu'une cravate : on peut passer par la mairie, les archives. Mais un très délicat problème se pose : et si la photo n'avait pas été prise chez lui mais *ailleurs* ? Ce qui m'intéresse vraiment, c'est la maison *de la photo*, la maison du jour où Maurice a noué sa cravate tombale, la maison de la date inconnue, inconnaissable à jamais, pour personne.

Et puis. Et puis elle me fait peur, la photo de Maurice, surtout lorsque je l'imagine la nuit, cimetière fermé, dans le noir et le brouillard lugubres, entre deux ténèbres, sous des pluies d'épouvante et des vents de frissons qui font croire à des spectres dans les arbres. Elle me fait peur, ta cravate Maurice, à cinq heures du matin au mois de novembre, dans le gel du matin sale. Elles me font peur, tes lunettes immémoriales dans la lueur malade du jour qui se lève, maigre et triste. Il me fait peur, ton sourire bizarre, quand personne n'est plus là pour le voir, dans l'hiver et la neige, au milieu du silence. Ta coiffure, ta veste, ton buffet, ton être figé me glacent le sang sous la pleine lune dans le givre cruel de janvier et dans les brumes des septembres sinistres. J'ai peur de toi, peur de ton emplacement, peur de te savoir toujours là, éternellement, au même endroit, par tous les temps, paralysé sous la glaise pendant que je bouge et cours, j'ai peur quand je pense à ta sépulture, à ta photo horrible, un peu floue, en noir-et-blanc, prise à la fin des années soixante, j'ai peur quand j'y pense l'été, loin, à la montagne, à la mer loin très loin à l'étranger, en avion ou en bateau. J'ai peur, Maurice, j'ai peur, peur de toi. Peur de toi et de ta mort, de ta sale mort qui me gâche la vie. J'ai peur parce que tu avais toi aussi peur de la mort et que tu es mort quand même. Atroce découverte : *avoir une peur bleue de la mort n'empêche pas de mourir.*

Et puis. Et puis il y a tes restes, ce qui se passe avec ton organisme et tes os *là-dessous* depuis 1971, ça commence à faire un bail, plus de vingt ans. Tu imagines un peu, Maurice, plus de vingt ans ! Dans quel état tu dois être ! Tu ne pourrais plus nouer de cravate et t'appuyer contre des buffets, fumée tout cela, à présent, fumée, poussière morte inutile, dans l'ombre infecte, à jamais.

— Nestor, je... Je t'ai apporté une cassette de Michel Polnareff...

2

Souvenir d'une tombe, à Verdun, où j'avais effectué mon service militaire. Une petite tombe cachée dans les buissons d'une forêt :

AMÉDÉE-1916
MORT POUR LA FRANCE

Comme autrefois les zouaves, il était venu du soleil pour défendre la patrie des Lumières.

Un coude posé dans la boue, la joue creuse dans sa main noire, Amédée 1916 regarde les champs labourés par le fer en poussant de gros soupirs disciplinés et un peu chantants. Ce petit souffle aigu une fois poussé, éclôt la parole fataliste des esclaves devenus bêtes de Somme, un filet à peine rebelle :

— La F'ance éte'nelle du Missié Lieut'nant, c'est du'dis donc !

Au premier jour des combats, ils sont tombés comme des mouches coquettes, ils couraient sur-le-champ en ajustant leur pantalon garance, ils se flattaient le ceinturon doré sous une pluie de mitraille. Dix minutes avant l'assaut, ils s'étaient trouvés aussi beaux que leur chef de tribu, dans des uniformes neufs. Ils rigolaient en pelotant du tissu, c'était Bamako, leur Pérou. Au moment de surgir de la tranchée comme des lions fougueux, ils ont dérapé dans la boue, salissant leur froc superbe. Fusèrent des « Ah ben ça alo' ! » qui faisaient plus de bruit que les obus d'en face. Et ils perdaient leur vie à frotter, ces lavandières précieuses de la savane, cousettes grand sourire qui n'avaient pas bien compris qu'un bruit en face, c'était un trou au milieu de leur plastron tout propre. Le premier bataillon réussit à mourir tiré à quatre épingles.

3

Dire qu'Hélène mourra un jour, elle aussi. Je l'imagine mal morte, là, dans son cercueil pathétique, le visage éteint, avec des petites boursouflures et les yeux ailleurs sous les paupières. On sent bien aussi que quelque chose comme la mort va très mal à quelqu'un comme Ava Gardner. Et pourtant... qu'est-ce qu'Ava Gardner au moment précis où j'écris ces lignes ? Une concrétion d'os mauves, de moisissures vertes sur un crâne bouffé, quelques horribles vers dans les poumons, les dents ternes, creusées par la pourriture et les monstres peuplant la glaise.

Hélène ? Là-dessous, un jour, entre lierre et silence, la bouche brûlée par les chancres de la putréfaction, des flatulences au cœur, les deux seins en pleine chimie morbide de décomposition, les mains ouvertes en cratères de vermisseaux, le sexe grouillant de pullulances infectes, la croupe en gaz de fumier, le charme en poussière, le dos en pustules brunâtres et le cou recouvert de vomi de bestiole dégueulasse. Toutes les promesses, tous les désirs, les orgasmes, les poèmes, les enfants, le chien content qui remue la queue près de la cheminée, tout ça pour ça, tout ça enfoui à jamais au plus profond, tout ça piétiné par des gens.

Elle danse devant moi, très belle, vingt-quatre ans, elle rit beaucoup, se dandine, sautille parfois, s'amuse. Elle rayonne, éblouit. Elle est extrêmement désirable. Le bonheur, la joie de vivre. Comment greffer sur cette beauté saoule de mouvement des mots comme : obsèques, funérailles, couronnes, cimetière, mise en bière, cortège funèbre, tombe, caveau, catafalque ?

4

Nestor est un héros. Alors, il ne mourra pas dans le ciel. Il sera ici, pied-à-terre, il pourra courir, surveiller les oiseaux, border Hélène, et chanter par-dessus Michel Polnareff. Il est grand. Il est fort. Il ne veut pas avoir la terre des morts sur les joues. Parce que ses joues sont rondes et qu'il aime les joues d'Hélène. Il ira sur les chemins. Il usera la semelle de vent de ses Kickers, il sera jeune longtemps. On l'appellera John, parce qu'un jour, Nestor sera américain. Les Indiens lanceront des projectiles, des flèches en flammes encercleront Nestor l'Américain-qui-ne-mourra-pas.

Nestor est un titan. Il se promène dans les allées du petit cimetière de Montargis. Il observe les traits réguliers de la pierre. Il voit des photos d'Hélène sur des dalles noires. « Pas Hélène, pas Hélène », pense-t-il très très fort. Il y a dans l'univers, avec les quasars et tout ça, des choses qui le dépassent. La mort de sa petite belle en fait partie. Il a peur dans sa tête à lui.

— Je suis vivant, dit-il tout bas, je suis vivant pour toujours.

Et ses yeux regardent le ciel :

— C'est compris ?

C'est un petit homme-dieu plus fort que les hommes. Rapide et courageux pour défendre Hélène-qui-ne-mourra-jamais-non-plus.

— Tout le monde meurt, avait dit maman.

C'est alors que Nestor, dans un rêve magnifique, composa à la gloire de sa petite princesse pour toute la vie, une oraison funèbre pour quand elle disparaîtrait de la surface pleine de fleurs du monde.

5

ORAISON FUNÈBRE D'HÉLÈNE
par Nestor qui l'a aimée

N'être rien à côté d'Hélène, c'était déjà une forme de grandeur. Aujourd'hui, nous voilà moins que rien. La mort a de ces impolitesses : elle entre toujours sans frapper. Quand le destin renvoie la politesse à l'impolitesse de la fatalité, on appelle ça l'immortalité. Quand l'anonyme Dupont disparaît, on appelle ça l'irrémédiable. Voilà ce qui séparait Hélène des autres : le temps.

La porte de la suite Napoléon, au Royal Continental, était grande ouverte lorsque le premier témoin y pénétra : Hélène, qui décida de cesser d'exister à 23 h 30, la laissa entrebâillée. Je n'exploiterai pas ces heures de deuil cruelles pour vous montrer que ce qui séparait aussi Hélène de ses contemporaines, c'était l'espace et la pensée. D'autres s'en chargeront, on appelle ça des hagiographes. Laissons du temps au temps qu'enfin l'Œuvre se fasse.

Hélène a délibérément privé le monde du regard gris-bleu qu'elle portait sur lui, en s'éteignant ce 17 octobre. Elle aura eu jusqu'au bout la cruauté des sublimes : n'avoir pas souffert et nous avoir abandonnés à la douleur du deuil. Qui saurait lui en vouloir ? Qui saurait reprocher au soleil le crépuscule, à la totalité l'absence, au verbe le silence ? Pas moi. Pas nous.

Elle est partie, un sourire secret sur les lèvres et les paupières fermées. « Le régal du statuaire », me suis-je dit, comme par réflexe. C'était un blasphème : Hélène n'aurait pas voulu qu'un tritureur de pâte fasse un chef-d'œuvre du chef-d'œuvre qu'elle était. Derrière ces deux paupières baissées, c'est le regard du monde sur lui-même qui s'est enfui. Désormais, l'univers sera aveugle. La figure de la grâce s'est évanouie. Je crains désormais le gribouillis crasseux de la multitude. Je redoute le pire. Qui comblera le vide laissé par l'absence de la Muse ?

J'ai bien connu Hélène. J'en sais assez pour témoigner, pour m'évertuer, avec le reste de vie que le hasard me prêtera, à perpétuer le souvenir. Je redirai tout cela le jour des obsèques, le 21 octobre, au Père-Lachaise. Hélène, dont le corps est aujourd'hui exposé à l'Hôtel de Ville, et que ceux et celles qui ont su l'adorer et s'abreuver à la source de sa beauté, peuvent visiter une dernière fois, Hélène, dis-je, n'était pas que ce « mannequin de l'agence Amman ». Le concept « le mannequin Hélène », ce n'était qu'une couverture si j'ose dire, la courtoisie réservée de la grandeur, un surnom. Un peu comme le Christ fut le surnom de Dieu.

C'est une immense fierté que vous devez aujourd'hui éprouver à être Naomi Durand ou Claudia Bitru, mannequins de l'agence Amman. Non point parce que l'agence Amman jouit d'une notoriété mondiale, mais parce qu'un jour la fille de l'homme s'est intitulée « Hélène, mannequin à l'agence Amman ». Oui, Hélène était comme ça, elle transfigurait qui l'approchait, elle ennoblissait la pourriture, elle accordait un peu de lumière à l'ombre, elle abreuvait les assoiffés, et nimbait son entourage d'une douce félicité. Sait-on aujourd'hui ce que nous perdons ?

« La valeur n'attend pas le nombre des années. » La phrase est de Corneille. Le contexte sera désormais d'Hélène. La Muse nous a quittés trop tôt. Par coquetterie, pour ne pas s'étioler. Elle a résumé sa vie dans sa jeunesse, quand tant d'autres n'en finissent pas de vieillir dans ces mouroirs conventionnés de la Sécurité Sociale.

Je revois Hélène dans la cuisine : elle griffonne mécaniquement des lapins et des chats, des signes bizarres, des noms et des numéros, tout ça sur le petit calepin à spirale du téléphone. Petits chefs-d'œuvre insulaires qui font déjà le bonheur des biographes et des exégètes. Que de vies ne sont-elles vouées à leur collection patiente et pieuse ! Excusez cette hypallage, mais : même morte, la terre tout entière n'existe que par elle.

L'année qui s'écoule fut son année phare, le point nodal comme le disait Soljenitsyne de ces événements qui scellent l'histoire dans l'Histoire. C'est l'année de l'enfantement des premières pages de son journal intime, l'Œuvre monumentale inachevée, l'aboutissement de neuf cents ans de littérature française, le dernier mot de la toute dernière parole proférée et proférable.

10 octobre : elle quitte la France pour se retirer à l'ombre odorante des orangers du jardin suspendu de Babylone. Après avoir enfermé le monde dans sa beauté, elle s'attelle à enfermer sa beauté dans son Œuvre qui est sa vie. Cette tâche, elle l'accomplit dans la mode : la boucle est bouclée, le cercle est clos. La littérature, la mode et la raison-de-tout ne pourront désormais croître hors, sans et contre Hélène.

17 octobre : elle met fin, de retour dans sa suite du Royal Continental, à la première partie de cet époustouflant endomorphisme de l'art sur lui-même en posant pour un magazine américain. Elle est une bribe d'éternité sur un bout d'éphémère. J'ai trouvé un titre pour l'album-souvenir de ses photos de nues : *Contribution à l'édification du Tout*. Elle n'ira pas plus loin. À 23 h 30, heure de Paris, elle décide de mourir car elle n'a pas oublié sa vocation première de figure mythique. *Requiescat in pace.*

Le catafalque remonte silencieusement l'Avenue des Champs-Élysées. À chaque tour de roue du cortège funèbre, l'Avenue, imperceptiblement, se rebaptise. L'Histoire commence ici et aujourd'hui tandis que se conclut la fin de l'Homme.

La scène : dans le séjour d'un hôtel particulier donnant sur l'Avenue des Champs-Élysées.

14 h 32 : mon voisin le plus proche affiche son désespoir comme on porte une redingote, sans un faux pli, même aux endroits les plus critiques. Je l'admire secrètement : ses larmes contenues, sa dignité en forme de retenue d'eau collinaire, son héroïsme. Partout, autour de nous, des cris giclent et fusent. L'impudeur refuse l'adversité : on pleure sans honte, on s'évanouit sans réfléchir. Les hommes, tous les hommes, laids, beaux, petits, grands, chauves, gros, vieux, jeunes, qui ont un jour côtoyé la Muse du regard ne supportent déjà plus l'Absence. On les sent comme du cristal à l'Opéra. Mon

voisin le plus proche vient de partir aux toilettes. « Il a perdu la partie contre le chagrin et le désemparement », me dis-je. Qui pourrait lui en vouloir ? Hélène morte, qui pourrait encore regarder sa montre en pensant machinalement à l'avenir ?

14 h 35 : mon voisin ne ressort pas. Un acteur connu est venu le remplacer. Il se colle à moi sans vergogne pour ne rien rater du spectacle. Nous sommes au quatrième étage, moi, l'acteur connu et une vingtaine d'autres petits destins. L'intérieur est plutôt cossu. Nous sommes groupés dans le salon, réquisitionné par les pouvoirs publics afin de permettre aux masses de profiter de la cérémonie. Toute la Multitude doit en avoir le droit. Les propriétaires n'ont même pas protesté, trop heureux de rentrer dans l'Histoire, même par une porte cochère. Leur chez-eux transformé en loge pour le petit peuple, c'est comme l'aboutissement de leur existence, un cadeau posthume d'Hélène qui n'en est plus à sa première largesse. Chacun, dans l'appartement, se sent fier d'être là. Les visages ravagés gardent une noblesse qui ne trompe pas. On se relaie toutes les trois minutes pour bénéficier de la vue sur l'artère la plus célèbre de la planète où va bientôt couler le sang de la France. Elle est noire de monde et de deuil. Le bleu du ciel s'en est allé. Il fait froid. Chacun sent intimement que rien ne sera plus comme avant.

14 h 52 : à côté de moi, l'acteur connu a du mal à refouler ses larmes. Des bruits de tambours lents se font entendre au loin à droite. Derrière nous, les propriétaires du pied-à-terre sont effondrés sur le sofa en skaï qui s'ennoblit à recevoir l'expression affalée d'une pareille détresse. La mort d'Hélène étend son pouvoir sur toute chose : hommes et meubles. Un vague tumulte monte des étages inférieurs, des bruits de courses et de discussions mêlés.

— Il reste encore des places dans les combles !

Un cri plus distinct que les autres, lancé comme une charge, immédiatement suivi d'une cavalcade fiévreuse vers le septième étage et les alcôves.

— Ils sont fous ! lance un inconnu dans la pièce, on ne peut même pas y tenir debout !

La voix provient du fond de l'appartement, triste d'être aussi éloignée de la fenêtre où nous nous trouvons. Son auteur se rend soudain compte de sa bêtise. On l'entend qui s'enfuit pour rejoindre le vacarme, dont chacun tente de repérer la position à l'oreille. Ils doivent maintenant avoir atteint le sixième.

15 h 10 : une panne de courant vient de nous plonger dans la nuit. Chacun y voit un signe. Les gorges se serrent au point de ne même plus pouvoir susurrer « Mon Dieu ! ». Les bruits de tambours deviennent assourdissants. Mon tour est venu de me pencher à la fenêtre. Le spectacle que je vois est l'expression figée d'un hallucinant ballet. La dépouille mortuaire, en grand équipage, fend le champ immobile des regards mouillés qui s'est ouvert dans une révérence triste, mer Rouge de larmes endeuillées s'effaçant devant la Merveille éteinte. Sur les mers tropicales et vertes chavirent les steamers, dans les lieux saints du monde penchent les cierges sur leur socle, au milieu des platitudes herbeuses brûle un arbre solitaire. Partout sur terre, la raison d'être du monde fait la grimace. À 23 h 30, ce 17 octobre, Hélène a laissé orpheline la grandeur de l'Homme. Dominant le catafalque, l'Arc de Triomphe a honte de son gigantisme venteux. La tête renversée vers les étoiles, la Muse jette un regard funéraire qui transperce la pierre. Trois nuages noirs passent devant le soleil. Nuit. La foule se signe. Six mille paires d'yeux regardent douze mille chaussures. On pense au Golgotha et on murmure des comparaisons sacrilèges. « Dieu est mort deux fois », écrira-t-on plus tard. « La première n'était donc pas la bonne », méditeront les exégètes et les athées. Comme un idiot, comme un automate, comme des milliers d'autres gorges à côté de moi, au-dessus de moi, je me surprends à crier :

— Hélène !

J'ai honte de cette incontrôlable impudeur, mais je me rachète sur-le-champ en me rendant compte que je n'ai pas encore pleuré.

15 h 30 : je pleure : le Président de la République vient de commencer l'éloge funèbre par un « mes dernières larmes remontent à De Gaulle... » La grandeur

du moment transfigure le discours, qui prend des allures d'adresse *urbi et orbi*. L'hommage de la nation à Hélène sent la messe pontificale. La mort de la Muse métamorphose Paris en cathédrale de plein air. Cette intime conviction que j'ai de communiquer avec l'Histoire, je la dois à Hélène, comme tant d'autres choses encore. Le Chef de l'État émaille son allocution de facilités qui feraient peine à lire mais qui font plaisir à entendre : « Hélène, la voie et la voix... » Il peut s'arroger un peu de la gloire de la Muse comme on grattouillerait quelques fragments de la statue du colosse de Rhodes. De toute façon, tenter une biographie d'Hélène, c'est un peu réécrire les Évangiles apocryphes.

16 h 30 : des coups de feu éclatent dans la foule et dans les demeures. Des vies s'éteignent, dans la peur de ne pouvoir perdurer aussi pleinement qu'avant. La radio recense 250 (deux cent cinquante) suicides. Le Gouvernement craint les débordements de désespoir.

17 h 00 : sur les ondes de *France Inter*, on annonce le décès du Ministre de la Culture, retrouvé pendu dans son bureau lambrissé. À côté de moi, l'acteur connu a un rire affreux et systématique. Je le sens sur le point de commettre l'irréparable. Bruits de fanfares tristes. *La Marseillaise* arrache des pleurs qui n'ont plus rien de patriotique. Je n'ose dire que j'ai connu la Sublime. Je suis comme pierre dans la cour du Temple. Je n'ai pas envie d'entendre mon chant du coq. Dans ma poche, une photo d'Hélène (celle où elle marche au bord d'une piscine). S'ils savaient, ces gueux, que j'ai les poches pleines d'or ! En bas, on charge dans la Limousine ébène qui la conduira au Père-Lachaise. La foule n'a pas le courage de se disperser. La moitié est à genoux, l'autre ne sait pas ce qu'elle fait encore debout. Je n'ai jamais vu autant d'hommes ressembler à autant de morceaux de bois. Figés dans l'asphalte comme des cierges.

Le vieux cimetière, qui sent bien, lui aussi, que son nom va finir comme celui de l'ex-Avenue des Champs-Élysées, prend des allures de Mecque. Devant la grille ouvragée, ça grouille et ça prie. « Par les temps qui courent, il vaut mieux être mort que vif », me dis-je. Au

Père-Lachaise, seuls les macchabées ont réservé leur place. Je joue des coudes et des épaules en exhibant la photo d'Hélène — au-bord-de-la-piscine :

— Nous sommes sortis ensemble !

La foule se fend par respect. Je file comme dans du beurre. Le barrage des forces de l'ordre me fait des courbettes admiratives. Un peu de gloire divine rejaillit sur moi. J'exhibe le polaroïd jauni. Il agit comme en 1946 agissait une attestation de membre actif des Forces Françaises Libres. Je pleure de joie et de reconnaissance tout en marchant vers sa tombe. J'arrive à temps. Tous les proches sont là. Secoués par les larmes. Chacun d'eux sent la corde qu'il tient comme tendue par le poids de toute la misère du monde. La Muse a été placée entre Édith Piaf et une autre inconnue. En voyant descendre pareil voisinage, Édith s'en est allée prendre des leçons d'humilité et de courage auprès du Soldat inconnu.

ELLE COMPREND VOTRE DÉTRESSE, MAIS
... NE LAISSEZ VENIR À ELLE QUE LA JOIE :
IL FAUT BIEN VIVRE.

Quatrième partie

KAMA SUTRA

1

Ondulés en volutes célestes, entre clair et obscur, les cheveux d'Hélène font sourire jusqu'à ses épaules, qu'elle porte fines et fragiles. Des mèches ricochent en écume sur les vagues à l'âme que dessine son grand front blanc. Ses sourcils sont d'une symétrie de miroir. Sous eux palpitent deux diamants d'un bleu menthe, à la moire mouchetée d'étincelles silencieuses. Chez les autres, on appelle ça des yeux.

La couleur des lèvres, un rien boudeuses, hésite entre le pourpre de l'anémone et l'orangé du corail. Les joues sont lisses, aiguisées par une perfection de coutelas qui rend le visage menu, presque maigre. C'est quand même incroyable de voir ce que Dieu arrive à faire avec une équerre et un compas. Rien à gommer sur cette figure à la géométrie précise, mélange de chat et d'aigle. Ses dents transpercent le vert brillant des pommes. Oreilles minuscules. Et ce cou où les baisers, tels des ballons à jamais hors-jeu, aiment rouler leur cuir brûlant. Il faudrait des mains spéciales pour le toucher sans l'abîmer.

La nuque avale la colonne vertébrale à la façon d'un boa, engoule le dos dans son mystère, dos droit, pas un millimètre qui ait été façonné par les paluches rustiques du hasard. Tout a été prévu, des reins aux épaules, pour l'emplacement des ailes, le jour où Hélène ira rejoindre les mouettes, dans le ciel breton de ses racines mouillées. Ses mains donnent envie de se métamorphoser en piano ou en chat. Même lorsqu'elle mange avec les doigts, Hélène reste divine : ses deux mains, c'est la fourchette de Dieu. Ses jambes en sont le couteau, effilées, qui, l'été, découpent de fines tranches de soleil lorsqu'elle bronze sur le sable. Quant à son ventre, c'est une malle à Petits Jésus. Marie-Hélène. Le nombril est à ce jour la seule preuve plausible d'une possible *naissance* d'Hélène. Mais Hélène, c'est aussi ce postérieur en soleil, riant par deux fesses juvéniles et espiègles, et dont on ne retrouve l'ineffable infinitude qu'au cours des nuits d'août, dans la contemplation muette des siècles. Comme la voix, qui vient de nulle part, entre Alpha du Centaure et les éternités de Mozart. C'est tout ça, Hélène, trop évidemment pour une seule femme. Pas assez peut-être pour tomber en religion. Mais comment tomber lorsqu'on est crucifié ?

2

Nous nous aimons.

3

La lagune appelle Hélène, la courbe de son corps sur l'eau. C'est Acapulco et Vienne dans l'Atlantique. Elle enfile le blue-jean de l'océan : l'infini lui va comme un gant. Pour l'embrasser, j'ai couru jusqu'aux vagues. On entendit parler d'un putsch contre Gorbatchev à la radio. Le ressac s'éternuait en liserons d'écume et ses seins furent giflés. Le noroît fit sourdre des grappes d'ondes salées qu'Hélène but. Le Kremlin en otage, et la voilà dans les flots aussi légère qu'un fantôme. Elle aime la Bretagne, à cause de cette mer triste, et des crêpes. Elle nageait dans les cendres liquides de ses aïeuls. Son crawl tendait les bras vers une grand-mère morte.

Son enfance la rejoignit à la vitesse de la marée. Elle revit les châteaux profonds où, dans les années soixante-dix, ses cousins l'effrayèrent. Elle se rappela les nuits dans la fougère mouillée, quand ses lèvres rêvaient d'autres lèvres. Les écharpes d'algues, le sable entre les orteils, la manière de s'enrouler dans la serviette en claquant des dents : pareilles à la pointe des rochers, les années n'avaient pas bougé.

Hélène n'était plus qu'une tête sur la lame de l'horizon. Elle revint. Exténuée, elle tituba en toussant jusqu'à la plage. Elle voulut que je recouvrisse son corps de sable. Elle ôta sa chemise, suaire trempé sur sa chair de poule. Elle se coucha sur le dos. Elle ferma les yeux. Je m'attelai à la réalisation de son linceul. Elle ne fut bientôt plus qu'une momie poudreuse. Je laissai un orifice pour la bouche et les narines. Et sur le front, une étoile de mer.

Nous restâmes immobiles. Elle, ensevelie. Moi, son ange gardien, je veillais sur elle, assis en tailleur. J'étais nu-pieds, vêtu d'un costume noir à cause de l'enterrement. Avec ma cravate, je m'amusai à faire des nœuds autour de mes chevilles que l'océan venait empoigner de son flux glacé. La falaise se dressait en nef de feldspath avec ses ogives de calcaire effilées en seringues. Le cri des mouettes fusait comme des flèches et recommençait.

Hélène s'était endormie. La nuit arriverait. Elle arriva. Ce fut d'abord le sable, qui devint rose, et les oiseaux, qui se turent. Bientôt, je n'entendis plus que sa respiration qui faisait remuer un peu de sable. Elle n'avait pas bougé d'un millimètre. Avec délicatesse, je la libérai, l'embrassai dans le cou, sur les seins. Ses yeux s'ouvrirent sur Orion. Une voiture passa. Elle reprit ses esprits. Je dus aller chercher son pull et son blue-jean parce qu'elle tremblait de froid. Elle aurait la grippe et boirait du miel brûlant.

On venait d'enterrer sa grand-mère. Celle de Carnac, dont moi, Gant Bleu, j'escaladai jadis la maison, Roméo d'une Juliette terrorisée. Hélène ne voulut pas baiser par respect pour la défunte. Mais le vent glissa des frissons de dentelles qui ressemblaient à du plaisir, et son nez frôla mon nez. Je sentis son haleine sur mes lèvres. Sa grippe brûla ma gorge. Le clapotis des vagues contre la pierre, la lumière jaune du phare, ses hanches entre mes genoux. Ses mains se resserrèrent sur mes mains à la façon d'une mâchoire, et mes dents mordirent sa nuque, un lobe d'oreille, sa langue. Alors le spectre de la grand-mère Gaëlle fit claquer sa robe de sel contre les embruns. Un fou de Bassan s'envola. Il emportait vers le ciel noir une paire de sabots usés, la coiffe mortuaire entre les dents de son bec. La terre retournerait à sa source, l'océan sans fin où les étoiles flottent comme des bouées.

Et je mourus moi aussi dans le ventre d'Hélène, qui mourut à son tour. Avec la vieille, nous étions trois à présent, trois âmes vagabondes encerclées de sirènes et mues par le muscle des vagues.

Nous partîmes à l'aube, la voix éraillée. Nous avions mal en avalant. Lors du retour vers Paris, crachin, nous quittâmes la chaussée, Hélène éteinte. Je dessinerai sur le papier les zigzags de la route qui se love et brusquement se tend, comme un avenir trop soudain. J'ai si peur qu'Hélène ne m'aime pas. Peut-être, elle me supporte un peu en attendant, voilà tout, partira bientôt vers des torses plus lisses. Abandonné, je me verserai des rasades de vodka. En regardant par la fenêtre si je m'y traîne en pleurant, Hélène au loin tiendra entre mon pouce et mon index, qui finiront par se toucher.

Il n'y aura plus de crique, jamais, plus de grève, plus de galets. Souffrance des poignards de femmes, la cohorte des trahisons, les poisons, les griffes. Tendre ma gorge à la dague brandie du sac à main sur l'étal des amours sanglantes. Voici ma poitrine, Hélène, elle t'appelle de ses plaies, vois comme mon corps roule jusqu'au fossé de boue vers les épines.

J'admire Hélène dans son sommeil. Son corps repose

sur le lit comme une mélodie silencieuse : seins de sable nu, peau bleue où ricoche la lumière de la lune, cuisses étirées en asymptotes, odeurs de pins. À bout de tige, mon gland déchire la nuit. Un élan de sang le tire vers la chair d'opale assoupie. Chante le prépuce dans ses ondulations. Le sexe est le baromètre des sentiments.

Envie terrible de pénétrer en mille serpents dans elle, de la voir se courber sous les vertiges, de manger sa langue, de la surprendre en pleine mort d'orgasmes. Envie de l'écouter s'évanouir, dans la flambée des corps en cris. Ma main approche la toison. S'amuse avec. Hélène se réveille un peu, se frotte à moi. Nous ne dormirons pas cette nuit.

L'amour, ce souffle neuf chaque fois, gravé dans la chair et dans la nuit. Je suis inerte, oisif, *passif* dans le con d'Hélène, les sens en sueur de pétales, roulé dans la farine d'ecchymoses. Je me sens têtard apathique. Vautré dans sa matrice tendue de nerfs, je barbote dans la brume, les formes meurent sur des dunes de soie rose gomme.

Le vrai bonheur de cette terre, c'est bien de pouvoir sentir une bouillotte vaginale en surrégime calorifique à travers le tissu d'une culotte ou d'un pantalon lorsque l'on plaque sa main sur l'entrecuisse en appuyant bien fort. Elle, contre un mur, et moi, contre elle. Gestes, zigzags du bassin, joie, honte, mêlés sous mon ventre, vers un ciel toujours plus haut.

Hélène est bouillante, elle bave. Je file sous le drap maculé de jus de nuit, d'anis de jouisse exposé sur la toile du lit, en poster. Salope et réveillée, elle frétille.

— Prends-moi... susurre-t-elle tandis que s'égrène dans une pénombre de blue-jean un jazz de bruits de rue.

Je plante un doigt, deux, trois. J'astique et je suçote, je mordille en sueur. Il est cinq heures du matin et j'ai la tête dans un vagin. Déjà, des milliers d'ouvriers se lèvent, assassinés par l'aube, les yeux pleins de mort. Et devant moi, ce firmament de nervures bleues.

4

Les premiers jours, Hélène me refusa son derrière, son popotin ventru moulé dans la braise. Par ignorance ou par superstition, ma belle Sainte canon avait cru devoir exclure Sodome de sa Bible intime. De façon arbitraire, l'inculte avait exclusivement opté pour le triangle d'or, effrayée par le cercle vicieux. Côté face le Paradis, côté pile l'Enfer.

Que d'arguments n'ai-je développés afin qu'elle laissât ma folie s'écouler par ma queue fourchue de diablotin lubrique dans son entonnoir dantesque ! Mais son abîme souterrain, hélas, ne réverbérait pas le moindre écho de mes inlassables requêtes.

Un beau jour alors, lassé de tant de mauvaise foi, je décidai de la damner par surprise, au cœur de la nuit. En guise de Purgatoire, je lui offris un index maudit, mais précis, qui alla droit au but. Son sommeil s'agita soudain, comme troublé par une étincelle intérieure, assimilée aussitôt par le rêve en cours. Surveillant son visage comme Satan scrute l'âme des pauvres, je continuai de sonder du doigt ses abysses interdits, vertigineux et profonds, et dont le soufre lunaire enflamma mes ardeurs.

Enfin j'allais lui prescrire l'Holocauste ! Massant, façonnant une ultime fois le cratère intime, je vérifiai furtivement que la belle eau calme où la fatigue avait noyé son visage n'était froissée d'aucun remous. Et c'est alors que Lucifer fit son entrée.

Dès qu'elle l'eut reconnu, Hélène, épouvantée, se mit à hurler. Mon blasphème d'abord l'outra. Les *vade retro* fusèrent, suppliants. Mais elle comprit bien vite que ma pointe obéliscale consignait au fer rouge dans la douleur une jouissance inédite et piaculaire la lavant des nennis prudes de jadis. Les signes de supplice, peu à peu, se dissipèrent, et ma petite martyre sut, en véritable chrétienne, rédimer son âme par l'immolation du corps.

Je la vis ainsi apprivoiser le brasier, se fondre dans les flammes, dompter la colère du volcan. Ses psaumes poétisaient l'infamie du lieu, en rafraîchissaient l'ombre terrible, teintaient d'un peu d'azur ce ciel de cendres et de ténèbres dont elle éclairait miraculeusement les labyrinthes.

Nous remontâmes ensemble, sous une pluie de molécules, les étages de l'Église, du ventre de la terre aux nuages de Toulouse-Lautrec. Belzébuth nous avait donné des ailes.

5

Hélène entre dans la chambre, son corps est blond. Un cortège d'émotions l'accompagne jusqu'au lit. La vue de ses seins ronds dans l'ombre remue mes sangs d'amour à proue de bite. Elle est nue, volontaire, aux limbes du vice. Nous ne parlons pas : le silence nous prête sa voix. Chaleur, murmures. Hystéries, la volupté des sueurs et des culs. Manger Hélène, sa croupe où, chaque fois, je décharge en pleurant. Ton cul, Hélène, secousses, frissons.

— Viens.

Elle se voûte, lance des regards, comme on balance un aveu qui pèse. Elle embrasse les testicules, religieusement. Ses lèvres foulent mes fibres intimes, orchestrent la vibration au gré de leurs appétits. Des trucs électriques paralysent mon sexe agacé, trop vite prêt pour le ciel. Il y a du gong dans l'air. Je me concentre pour ne pas m'évanouir tout de suite dans sa gorge. Tout y passe : Auschwitz, l'Éthiopie, la mort d'un proche, etc. Elle a compris, elle ralentit la joie, fait une pause, fragmente. Je retiens mon souffle liquide, pâmes, ventre, cuisses. La purée patiente. Repos. Mais sous l'intempérance des garde-à-vous, le vit redresse son menton veiné, pur-sang. J'abreuverai bientôt ses sillons. Tout s'abolit au bord du bonheur, je flotte sur un lac très bleu, entre les deux eaux de la douleur et de la félicité.

Je me suis suicidé, en larve, entre ses dents blanches.

Elle déguste le fruit de mon plaisir achevé. Ça fait comme du yoghourt aux commissures, c'est sale et amusant, nous nous aimons pour de vrai.

6

Quand mes viandes chauffent, je dégrafe tout. Ma main droite ne répond plus. Elle pilote folle. Glissements de chair automatiques et farfelus. Je découpe le monde en copeaux de rêve. Je scie l'azur. Tout virevolte en éclats de bulles bleues. Je franchis le mur du sang. Un long jazz m'accapare les viscères et les yeux. Je ne suis plus qu'une crampe ridicule. Explose le lait, trombes de glucose. Il pleut des fruits. Gémissements, crispations, gorge à bout de silence. J'ai des larmes plein les doigts. Toute une mort me picore le squelette. J'ai des renvois sourds de dimanches et de messes cafardeuses, de champs et de mottes mornes, de bruines et de novembres. Je vois des chapelles, des dalles, du marbre et des repos sous des cyprès. Je vois des silhouettes, des crucifix, je crache de la glaise et des asticots, j'apprends la mort. Barbelés, pluie, bestioles. Déprime. Dépossédé de moi-même. Impression de n'être plus qu'une impression, un simple sentiment très vague vidé de son personnage. J'essuie le foutre. Ma vie me gratte. Je ne suis plus rien qu'une carpe molle pourrie, un hameçon rouillé déchirant ma gueule, oublié sur une berge un sale dimanche d'été plein de soleil et de cannes à pêche. Tout pâlit. Je suis un sale petit branleur. Un clown blanc triste. Tout à l'heure, je recommencerai.

Hélène se branle aussi pas mal. J'aime la contempler lorsqu'elle qu'elle met son sexe à l'index. Elle est superbe dans ce face-à-face avec elle-même. Elle mord dans sa lèvre inférieure comme à l'hameçon du péché, elle se pince les seins pour vérifier qu'elle ne rêve pas. Et met le doigt sur l'extase. Fiable, mon amoureuse vire au rouge. Elle a bien chaud dans sa sueur. Elle bout dans son lait d'étoile. Son corps à sang prend feu. En

Prométhée bien déchaîné, elle capture à pleines mains toutes les foudres du septième ciel. Elle gémit de plus en plus fort : l'aigle de Vulcain dévore les 100 000 yeux de son hymen. Ma muse meurt, ressuscite, se réincarne en flamme. Son corps incandescent m'apparaît ainsi comme différent de tout ce qui peut s'étreindre, ici-bas. Il est immatériel, *incorporel*. Il n'est plus matière, mais couleur. Envie de m'enivrer de ce sang. On est plus proche là du vin, d'un bon Bordeaux moelleux, en tons de brique chauffée, que de l'hémoglobine. Les vampires troquent leurs crocs cruels contre les papilles hilares de Bacchus. Que j'aimerais la rejoindre sur son nuage foudroyé ! Mais elle me repousse, me griffe, opte en jurons plaintifs pour l'esseulement parfait. Nul ne doit l'accompagner dans sa quête du Saint Râle. J'essaie de l'embrasser, la chienne me mord. Je tente un câlin, mais son regard me supplie — comme s'il s'agissait là d'une question de vie ou de mort — de la laisser orpheline dans sa boue céleste. Je calque alors mon évasion sur la sienne, saisis ma tige à mamours et pianote à mort dessus, jusqu'au basculement des chairs. La fête finie elle s'excuse, prétend qu'elle est désolée. Elle me jure qu'elle a honte de sa Symphonie Onanistique. Mais je lis le mensonge partout sur son visage illuminé par l'extase. Le débat est clos, ses yeux aussi, elle se rendort.

7

Hélène est une véritable experte en matière de fellation. Extirpant le cône lumineux de la moite chaleur du slip, elle résiste rarement à la tentation d'en éplucher la corolle d'ivoire, caressant d'abord de la main les veinules gonflées d'un rouge brillant très pur. Des lèvres ensuite, doucement, mais sûrement, elle humecte la fleur pastel en forme de flamme. Un parfum fort et fruité accompagne sa quête. La langue foudroie la tige, en mouille de salive toutes les façades. Un ciment frais couronne ma bite, je flotte, Hélène slalome sur le rouleau de larmes blanches. Sa belle vigueur maintient la dragée haute, un tapis dense et odorant de sueur m'habille de frissons. Une bave lourde se cramponne au gland comme une main pleine de ventouses. Ma liane offre des rameaux rougeâtres, aux folioles vernissées, râle, les dents d'Hélène râpent l'écorce de la bouture. Soupirs, brûlante sous le sépale écarlate, une sève floribonde, d'un miel cuivré clair, avivé par un écrin argenté de salive, se jette en cascade dans l'estuaire buccal. Je m'éteins dans l'overdose.

Hélène s'abreuve, engloutit les flots rieurs, pompe, aspire, tète, la gorge pleine de lumière et d'or. Parfois, elle se purifie de la semence, s'en asperge le visage, les seins, le ventre. Nos essoufflements se conjuguent, se mêlent au vent fiévreux qui réchauffe nos chairs. Soudain, Hélène ajoute à la gymnastique époustouflante de sa langue les génuflexions d'un index pervers en mon anus. La jouissance est multipliée par l'adjonction de cette attention minime, epsilonesque et pourtant grandiose à laquelle le puriste est généralement si sensible. Esprits repris, commence le plat de résistance. J'ai faim d'elle. Je la tire à moi, l'enserre, la colle, la chiffonne, l'étouffe, l'embrasse de A à Z, la caresse. Je suis presque elle.

8

J'adore enfiler Hélène, brandiller en elle comme un séisme. Mais ce que je goûte le plus goulûment, plus qu'avec toute autre, ce sont ces festivités préliminaires, tout ce cérémonial préparatoire à nos pirouettes cosmiques. Un véritable bizutage charnel sert chaque fois de préface au livre de nos ébats. La règle en est simple, l'effet garanti : ma salive se doit de précéder ma sève dans sa caverne d'Ali Baba. Sésame ne s'ouvre qu'à cette condition. J'ai le mot de passe au bout de la langue. Seul ce rituel m'autorise à prendre la clef de son champ. Ce n'est qu'ensuite que je peux de ma lampe d'Aladin éclairer la salle humide de ses trésors cachés. J'aime cette façon de faire l'école buissonnière en son jardin secret.

Parfois, des larmes d'urine coulent sur Bagdad. Les joyaux perlent. Tout l'art consiste alors à persister malgré tout, langue en rut, jusqu'à ce que l'excitation soit totale. L'ardeur de mes glandes zénithales la transporte alors au septième ciel sur un tapis volant. Des milliards d'étoiles crachent leurs photons sur nos épaules dégoulinantes. La sueur se mêle au creux de nos reins à des mollards d'éternité. Des glaviots scintillants ruissellent de poil en poil en mon entrefesse hagarde. Sous la magie délirante de ma baguette immémoriale, Hélène-Shéhérazade explose en cris de big bangs fous.

Suspendue à la voûte céleste par la queue de ma comète, elle croque tous les pulsars sur son passage. Et soudain la cascade firmamentale, l'acmé plein d'univers, la giclette à gueule d'infini : Hélène ferme les yeux. Des soleils hébétés suspendent leur masse impensable à ses paupières évanouies. Agrippée au cosmos, elle plonge pour finir dans un sommeil irrémédiable.

9

Son corps, les ondes musculeuses, intelligentes, de son corps. Mystère et simplicité. Ambiguïté. Fiabilité. Je passe ma main entre ses cuisses, sa fleur est prête à vaciller. Je la sens, tournée vers la nuit, avec cette façade déchirée de plaie mal recousue, laquelle nuit m'invite si mon visage se penche, et la boit. Je m'habille de morve. L'onction de lait bout sur mes doigts au seuil : liberté, limpidité de larmes. Complexe poésie du toucher, réseau enchevêtré de récepteurs tactiles, j'expose mon pénis, ce capitaine, à la sensation de chaleur fauve : le cerveau analyse, enregistre, comprend. Doigts, sexe, cerveau. Trilogie du toucher. Conscience avide des textures, intentionnalité perverse de cette conscience dans la pâte rouge des pénétrations.

À la lisière du coït, dans la bague de son ventre, je mords dans la mort, je danse, et même, j'écris. J'existe par elle, pour elle et dans elle. J'agis avec une économie de gestes superstitieuse. J'appuie sur l'étoffe, elle soupire, elle est heureuse, un bruissement d'eau morte me prolonge *in vagino* jusqu'à son âme. Sa bouche émue, vermeille, véhémente, se noue à ma bouche, lacet de rictus brouillés. Une bosse ronde de langues en fusion s'épand en lave de salive dans le cratère des gorges. Impression d'avaler son sourire, de bouffer sa gueule. Ses seins roulent dans mes mains comme des oranges de gomme lourdes — envie de pétrir jusqu'à la mort leur constance élastique, muette, rebondie : appuyer, faire rentrer la chair dans la chair.

Je l'embrasse. Mon âme se délivre avec la cruauté d'un appétit de la fermeté minérale de cette bouche de femme, harmonie de mollesses et de clapotis, mûre, intacte, sonore. Poulpeuse plus que pulpeuse avec ses anémones qui frôlent, ses branchies qui palpitent, ses fruits qui respirent, les nuances humides de l'épiderme en lueurs roses et les tréfonds flous des larmes fouettées par les spasmes. Bouche de femme. Orifice moite et de miracles, l'eau des battements sourds, le vagin du visage. Bouche de femme. Le sang et le lait. Les flux qui colorent les joues, la honte et l'embarras, empruntent au sommeil un peu d'éternité : le baiser. L'échange continu, vivant, organique, la fleur simple du corps-à-corps.

10

Mon sexe est bleu, amoureux. Il parsème d'écume la gueule de celle qui le goûte. Hélène se désaltère. Infaillible, elle suce à son rythme d'oiseau, les plumes engluées. Elle sait ce qui rend jouasse.

Au bout de mon Jésus courent ses regards de fée

vicieuse comblée par ses propres intentions. Elle avale mes spermatozoïdes suicidés, s'incline tantôt pour mieux prendre, à droite, à gauche, en bas, en haut. Tout s'en va mourir dans le cimetière de sa gorge. Rasade passée, elle continue, jusqu'à ce que sa bouche soit enceinte de moi.

Hélène chope les boules. Les miennes. Elle plaque mon épée de chair contre mon nombril et dévore mes gousses florentines avec l'appétit du lac pour la lune. Je fonds dans le murmure. Rythme, balancement frappé d'eau de sa poitrine qui claque.

Mon sexe est bleu, amoureux. Il fait naître Hélène à l'envers, dans le cul, la roulant dans la farine parfumée d'un doux jouir proscrit. Prostrée dans sa chair saoule, elle ânonne des rires mi-douloureux mi-extatiques, les yeux écartelés vers des cimes d'hiver pur, la veine éclatée par le ravage de mes désirs brouillons. Elle geint-jouit sur le lit qui grince. Cet amour dévié la tue bientôt. Ainsi transpercée, elle s'écroule, abolie, jusqu'au sommeil des stupeurs : à chaque fois qu'on l'encule, Hélène aime faire croire que c'est la première fois.

Cette marmelade pornographique avec elle m'a retourné. Pour la première fois depuis que nous nous connaissons, j'éprouve la sensation d'avoir atteint une certaine liberté d'action dans l'acte charnel, sous la forme inattendue de prouesses purement *techniques*. L'hommage a été grand. Et sans doute mon sexe a-t-il commandé d'abord le recours à la *techné* comme au seul moyen de traduire totalement ma passion. Cette tâche édifiante, qui consiste à faire pousser des ailes à la femme qu'on aime, je l'ai enfin remplie, devoir, sale devoir machiste accompli.

Envie à présent de franchir un nouveau cap : celui de la douleur physique. Je ne parle pas là des petites mises en scène poisseuses et risibles que l'on rencontre, comme à Guignol, dans les soirées sado-maso, pitoyables et démodées, au burlesque de tombeau. Non, j'envisage la peinture d'un décor à l'intimité inviolable, dans lequel la souffrance de la chair rendrait plus unie, et plus unique encore, notre complicité.

Hélène, ta peau, ton cul, ta motte d'ange, doux

amour. Hélène dans la forêt, louve gracieuse, attentive à la semence des hommes, au membre dolent des hommes. Hélène à prendre dans des outrages de Jungle, accroupie, en lambeaux de plaisir, chérie. Hélène que j'attelle à mes souffles, à l'heure des rêves.

11

Le meilleur album des Who est *Who's next*. Sur la pochette, on voit Daltrey, Entwistle, Moon et Townshend qui pissent contre un parallélépipède géant, un bloc de béton, au sommet d'une montagne calcinée. Ce chef-d'œuvre est sorti en 1971. Chez Polydor.

— C'est génial, ce truc...

C'est « Baba O'Riley ». Premier morceau de la première face. Pure merveille, un des plus grands morceaux de pop de tous les temps. À égalité avec n'importe quel morceau de Michel Polnareff. Un sommet.

— C'est vraiment grand...

Oui, mais aujourd'hui, je préfère ton petit corps à tee-shirt. Tes moulures de pâtisserie faites pour la décame et le lait. Les tourbillons de mes slips. Salope pour moi tout seul. J'adore foutre l'après-midi, ça fait très années 70. En plus avec les Who. Townshend au piano Moog. Ton petit visage qui déploie ses grimaces, se tourmente comme un chiffon, tout ça à cause de mon zizi.

La femme est un voyage fabuleux. Caverneuse et montagneuse et vicieuse. On ne dira jamais assez elle est faite pour l'homme. Regardez-la griffer : c'est du tonnerre, ce machin. Elle sait comment crier, elle sait tout ça, les explosions. Recueillie, toute noyée dans ma sueur, elle regorge de foutre. Elle fut heureuse. C'était il y a deux minutes. Ça a duré des siècles, le tout en une seconde, même pas. Surgissure gémissures jouissure. L'équation des dessous de couette, quand il fait beau dehors avec des gens qui vivent, lui dans le bus, elle dans le métro, j'en vois un qui mange un Mac. C'est l'heure du viol.

Hélène me parle de sa vie. Son papa dans le jardin, le dimanche, parce que tous les dimanches, c'était grill sous le pommier heureux. Il y avait des senteurs compliquées, mais connues. Elle se roulait dans l'herbe. Elle reprenait du dessert, et puis elle se roulait encore dans l'herbe.

— Je t'aime, Nestor...

12

Le trou d'Hélène a la rondeur du cercle. Emmerdé de taches crépusculaires aux pourtours, il a la gueule bouillante d'une lune posée sur la moire du lac à minuit. Son mystère est trouble et profond. Ébahi dans la lumière des étoiles suspendues à l'ombre de la chambre, il expose ses croûtes, sa matière en strates séchées superposées.

Il y a beaucoup d'art dans cette saleté. On trouve en cherchant bien des fresques et des symboles. Les fèces dessinent, sur la peau, blanche et tendue telle une toile, des centauresses marsupiales et des cauchemars de violoncelles mous, des ciels cassés, des gueules de lions étourdies, parfois des traits de colère, comme des griffes de tempête ou des signatures folles.

Par endroits coagule un linceul brunâtre de schistes micacés dont les écailles respirent. Avec l'ongle je gratte un peu, je sculpte, je crée des formes auxquelles le hasard n'aura pas songé. Je raye la couche excrémentielle, y dessine des têtes, des clowns, des lapins : je dessine bien les lapins. Des anges aux ailes immenses, qui griffent jusqu'au bas des reins, symétriquement, chaque fesse d'Hélène. Je m'amuse bien quand elle dort.

Pourléchant l'église charnue, coprophage du dimanche, je découvre l'âcreté piquante des selles. Je salive mollement sur la flasqueté de miel noir. Ma langue nettoie avec patience l'albugo accidenté : je dîne. Hôte halluciné d'un lieu très secret, je lape et déguste les desserts ignobles, la mousse morte et les cicatrices éphémères, à table dans son cul. Mes dents saisissent un poil, le parcourent jusqu'à l'extrémité, comme une arête de poisson, récoltent des copeaux amers et revêches. De fines bâfres de merde m'ornent l'alentour des lèvres : joie.

Mon oreille s'approche. J'entends des bruits dans les nappes, confus, gargouillis troubles qui jaillissent en spirales de chaos, échos de côlon. Des agonies de tuyaux gargarisent sous les noirceurs à mi-tunnel, des croches s'abîment sur les dièses en plein sphincter, vibrances et soupapes : un vent pleure. Gaz tantôt plaintifs, confessions aigres, tantôt tumultueux, muets parfois (les pires). Des centaines d'odeurs distinctes dorment dans ma mémoire : j'en domine les moindres nuances. À chaque vesse j'associe une couleur : bleu lourd ou jaune aigre, mauve cru ou marron ambré, noir ciel ou grenat touffu, rose cendré ou rouge cancer.

Le trou d'Hélène sourit lorsqu'on l'embrasse. Je crois qu'il est amoureux de moi. Il m'envoie des images, c'est un écran. Entre nous c'est tout un cinéma. Je m'installe au chaud sous les draps, près de lui, le front serré contre son lustre de pétales graisseux, et j'attends. J'attends comme un enfant le déluge des visions lumineuses, les mille couleurs à croquer, les crêpes d'Afrique, les diamants, les mots d'amour que nous échangeons par la salive et la sueur, parfois le sang : il m'arrive de mordre hystériquement à l'action.

C'est ma noix d'amour cet anus jeune. Il me faudrait quatre bouches pour l'épouser vraiment, une pour chaque flamme : embrasser, lécher, saliver, mordiller. On ne s'ennuie jamais dans le trou d'Hélène. C'est un Paradis retrouvé permanent. On y renaît sans complexe, on y éclôt sainement. C'est chaque fois une vie nouvelle qui recommence aux limbes nébuleux de ses deux fesses magnifiques. Son fion n'est pas un trou noir : c'est une planète. J'en suis le Petit Prince attentionné, scrupuleux et maniaque, jaloux comme on peut l'être d'une rose. Ah ! si Hélène savait... Si elle savait ce qui nous lie, son orifice tabou et moi, à son insu, pendant son sommeil !

13

Hélène dirige sa main vers ma braguette. Déboutonne. Rigole. Faites-moi donc voir ce que vous cachez là mon Père. Oh mon Dieu au secours que faites-vous là ma sœur Seigneur doux Jésus pardonnez-moi mon Dieu pardonnez-moi. Nous éclatons de rire. Tombons sur la moquette. Je vais te branler jusqu'au sang. Oh oui dis branle. C'est la seule Hélène qui sache s'y prendre avec mon truc. N'est pas de celles qui empoignent et secouent, à l'aveugle, dans une mécanique bête et violente. Elle échauffe et repasse, doucement plisse, décalotte, graduellement, enferme le gland dans sa gaine, dessus fort appuie, relâche l'étau, doux-glisse vers testicules, avec joie, les cogne mol, titille-tact, les compare, en tiraille les gentils poils. Et puis. Supérieure vitesse. Zouimcouilles. C'est son jeu. On fait une partie. Ça dépote. Continue-continue. Salope oui. Et soudain lâche prise, tout-abandonne, supplice atroce (me rend dingue). Deux. Trois secondes. L'éternité quoi. Tremplin maso vers le nanasme. La ruée le foutre. Lait litres. Salope-lope. Issime. Qui c'est qui va jouir. Hein. Qui c'est qui. Aaah. Jouisse-jouasse cris. Ouarf à chien. Médor en bave. Coule coule. Flot sucré. C'est le grand jet de baleine volante. En virgule. Monte vers l'arc-en-ciel. Je crache une étoile blanche. Les comètes sont saoules. Feu d'artifice. Cinq branches. S'effilochent dans les airs. Retombent. Fantômes de serpents.

14

Un sexe qui bande, tendu vers un pubis. Du feu crispé vers un nuage. Mon membre qui vibre. Ses soupirs, ses larmes. La Porte étroite. Elle s'ouvre, lame effilée. J'embrasse les seins, je mords à même neige de cette poitrine gonflée que la paume aplatit. Je sens deux cercles de chair en frissons dont le pouls bat sous les doigts. Je glisse sur les pentes du corps d'Hélène, ses monts, ses thalwegs, ses lignes de crête, sans fin ni repos.

Absente des bars sinistres, des grandes surfaces, des cantines d'internat, des dortoirs de caserne. Pourtant, je les retraverserai bien encore ces lieux qui tuent la vie, dégoulinants de suicides, de tessons, de vomi. Abolis en une seconde entre ses bras, je sais qu'ils ressusciteront avec d'autant plus de violence, sales cauchemars figés qui me guettent, m'attendent.

15

> *François Ier, qui sentait l'inanité de ses plaisirs, avait gravé avec la pointe d'un diamant ces deux vers sur un carreau de vitre :*
>
> Souvent femme varie.
> Mal habil qui s'y fie.
>
> *Jeux d'un prince qui avait fait déterrer Laure pour la regarder. Où est le carreau de vitre ?*
>
> Chateaubriand, *Vie de Rancé.*

Chambord était déjà roux lorsque nous arrivâmes. Trop tard : nous ne pourrions visiter le château. Je me garai dans le parc d'où nous aperçûmes les tours et pavillons du donjon, les terrasses. La Renaissance avait tout donné ici de son art et de son style. Hélène le voyait pour la première fois, et trouva l'édifice trop sévère. Cette même mathématique avait dessiné son visage. Elle se taisait. Nous marchâmes le long de l'allée centrale. J'imaginais les faucons aux becs noirs sur les territoires de chasse alentour, leurs larges traînées sombres peintes sur leurs têtes blanches. Je les vis lâchés par François Ier, Charles IX, un soir de septembre comme celui-là, les chiens de meute hurlant dans les hautes fougères, bavant vers les buissons. Un spectre royal souffla dans un cor et, sur ses tempes de fantôme, les veines se gonflèrent de sang. C'était l'hallali qu'Hélène et moi attendions depuis des mois sans qu'aucun de nous osât jamais en parler : j'avais réussi à forcer cette biche sans user des chiens.

Pour la première fois depuis notre rencontre, elle fit tomber le voile, se livrant sans retenue, narrant son enfance, sa puberté, ses traumatismes. Les yeux baissés, elle me tendit aussi les clefs de quelques rêves en suspens.

Elle était née en 1970 à la maternité de Rennes et les médecins avaient applaudi. De cette Bretagne elle ne gardait que des souvenirs émus de bonheur et d'équitation, sport qu'elle abandonna sur un spectaculaire saut d'obstacle où toute autre qu'elle eût laissé la vie. À l'en croire, l'adolescente qu'elle fut ne s'intéressa qu'à la beauté masculine. Des cierges fondirent en larmes de cire dans l'autel secret de ses idoles, ondulant leur flamme prosternée au pied des posters jaunis de James Dean ou d'Alain Delon. Elle connut le plaisir devant ses effigies punaisées, qu'elle ne quitta des yeux que pour fermer ceux-ci dans une jouissance silencieuse et coupable, les dents plantées dans ses lèvres.

À Carnac, où chaque été la mer retrouvait son corps, Hélène élut ses amis. On arrivait le soir sur des motos rapides. Sur la grève, quand la lune était bien ronde, on se promettait, main dans la main, de ne pas mourir. L'aube n'avait pas d'heure. Les cafés ne fermaient pas. François, Jacques deviendraient des musiciens célèbres. En attendant d'être Hendrix, ils feraient vibrer longtemps encore leurs ongles longs sur les guitares sèches et poseraient leurs lèvres sur l'embouchure mouillée de la trompette de Miles. Gilles serait un grand écrivain — on disait de lui qu'il avait du « vocabulaire ». Hélène fut sa muse, il lui dédia des poèmes et elle les aima. Frédo ferait de la politique : son oncle avait été maire de Carnac et, après Normale Sup, Sciences-Po et l'Ena, il deviendrait maire à son tour, mais à 25 ans. La quarantaine verrait un bureau, des dossiers empilés à Matignon, pour la suite on aviserait. Daniel lui ne brillerait pas, préférant l'ombre paisible aux vacarmes étourdissants de la notoriété. C'est lui surtout qu'Hélène aima.

Épandue dans l'herbe, la chevelure d'Hélène s'y confondait, devenait herbe à son tour, plus sombre et plus vivante. Je la serrai dans mes bras. Des brumes roses viendraient nous surprendre tout à l'heure. La nuit nous étreindrait sans prévenir, nous resterions seuls et nous aurions peur des bruits. Et ce fut la cendre, la parturition du noir glacé de minuit. Nous écoutions les froissements du faon sur l'aubépine. Nous nous endormîmes, mêlés comme des sentiments, l'un contre l'autre, comme si j'eus été aimé d'elle.

Je me réveillai seul. L'herbe dans mes doigts n'avait plus la lissité chaleureuse d'une chevelure embrassée. Mes clefs de voiture n'étaient plus dans la poche de ma veste. À tâtons, je tentai de les retrouver dans l'herbe. À quatre pattes, à plat ventre. En vain. Je courus là où je m'étais garé, trébuchant sur quelques cailloux, évitant des flaques en criant le nom d'Hélène : deux traces parallèles cicatrisaient sur les feuilles aplaties.

Seul, sans un sou, à cinq heures du matin. À Chambord ! Sans doute, on pensera bêtement qu'ici la plume du romancier et celle du paon ne font qu'une : brillante et gonflée, irisée de reflets menteurs. On accusera la parodie quand s'agite dans le box des accusés l'imagination, plus tricheuse, de la réalité. On ne s'enfuit pas comme ça, dans les romans, on prémédite, on gère, on sait pourquoi. Or, en ce lieu pathétique où s'exhibent mes cicatrices, ce que j'appelle mon livre ou ma raison d'être, il n'y aura pas d'explications : j'ai retrouvé ma voiture à Paris, point à la ligne. Je restai hagard et frigorifié, battu par une femme que j'idolâtrais par-delà les épaules rondes des bustes de pierre qu'implore, dans l'église de nos hymens trahis, la pitié des fidèles agenouillés.

Sans doute l'effroi d'un amour neuf, révélé lors d'une promenade innocente, avait excité en elle trop de cordes sensibles si soudainement tendues qu'elle n'en put maîtriser les vibratos. Ses nerfs avaient lâché, pensais-je, et, telle une poupée disloquée, Hélène avait foncé, mécaniquement, vers Paris, m'abandonnant avec ses sentiments. Je rentrai avec ce seul bagage : notre amour. Cet amour qu'elle avait peur, si peur de partager, et dont elle me laissait à jamais la charge, mon pouce pointé vers le ciel, dans la triste aube des bords de routes éclaboussés.

Cinquième partie

DANS LA MAISON VIDE

1

Déjà le jour s'étire. L'œil doucement découpe les lueurs, se fraye un regard dans la brume. Un air bleu se consume. Matin. Sur les vitres, la buée de rêves encore chauds. Condensation.

Dehors le ciel s'enrhume au-dessus du brouhaha des vies. De ma chambre j'écoute la rue faire ses gammes et le monde s'éclaircir la voix. Dans cette cacophonie de Dieu, je reconnais le tempo lourd des existences et de l'anonymat. Bourdonnement diffus des ambitions butées. La cravate nouée sous la gorge, le sourire en poche, le deuil aux lèvres : ils sont *cadres*. C'est comme ça qu'on dit. Trottoir et métro. Vivotage incessant nul. Ça clinque, empressé. C'est fier et con vite. L'ouvrier court aussi. Fané.

Fatras de l'aube. Berce mon lent réveil. Me love d'une présence, étrange. Le jour naît. Redessine le décor de la chambre. Le vieux bureau réapparaît peu à peu, la bibliothèque. Les formes se redevinent. Les titres des livres, encore endormis sous leurs couvertures. Que se passe-t-il dans les livres quand nous dormons ?

Le jour rebaptise tout. Ranger ma chambre. Elle respire trop la vie à deux. La nettoyer à grande eau. Odeurs de couple, relents de bonheur. Son actuel agencement insulte ma solitude, rhabille les souvenirs. Pollution. Un amour plane, nappe de remords.

Hier encore, son corps. Plein de seins. Il m'isolait des vacarmes. Me protégeait du dehors. Hier encore, je gavais mon corps du sien. Là. Dans le grand lit vide, rempli de son fantôme. Au hasard d'un pli, au détour d'un pan : son parfum. Pomme et fraise. Yoghourt. Vanille frisson. S'évanouit si je m'attarde.

Sale octobre. Octobre noir. Vie malade. Hélène. Un trou dans la bibliothèque. Émouvant détail : elle a emporté *La femme pauvre.*

2

J'aimais lui offrir des livres. Lui lancer des proses en pâture. Intrigues. Aventures. Pensées. Ombres, lumières. J'aimais la savoir en chambrette. Cloîtrée. Avec un livre. Les crocs dans la chair de l'œuvre. Sa belle sueur entêtée fière, perlant comme gouttes d'encre, jusqu'au mot *Fin*. Silence. Solitude.

Amour des livres. Les humer comme femme est humée. Le parfum dont l'homme s'imprègne. Charnelle est la lecture. Physique. Sensuelle. Bref : littéraire. Caresser, les yeux clos, les pages lisses d'une édition galbée me rend béat. La saveur aussi des bouquins soldés. Plus rudes aux doigts. Le livre fut fait pour l'aveugle. Il suffit d'être un brin fétichiste. Le livre est âme et corps. Le livre a son intelligence ? Il a son anatomie. On ne bande qu'aux corps.

Les reliures. Élastiques ou rigides : j'ai dit bander. Souples de gomme, ou dures de pierre. Enfant, j'étais fasciné par les vieilles reliures, sévères, pompeuses, qui protègent de la poussière les idées impossibles, les amours rimées. Rangés livres, dans la bibliothèque, piqués, tannés, usés par les mains, les yeux. Les gravures impossibles, paysages et cathédrales, détails, statues. Plus précis, mille fois, que des photographies. Portraits d'inconnus sur lesquels un autre inconnu avait sué, saigné, pendant des heures, des semaines, des mois, et n'oublia pas un gravillon, ni l'ombre à l'aile des gargouilles, la molécule bleutée de l'eau du torrent. J'aimais penser que c'était toujours le même type qui illustrait ces ouvrages. J'en avais fait un saint. Jamais, malgré mes efforts, je ne parvins à me le représenter physiquement. Je le savais trop modeste pour qu'il fît de lui un autoportrait. Aujourd'hui encore, lorsque je contemple un monument dans une ville du monde, j'ai l'impression qu'il est là, qu'il m'observe comme j'observerais Hélène, qu'il me veut dans le détail comme je la veux dans les détails. Contrastes et millimètres.

Les livres, les livres. Chefs-d'œuvre immortels, mauvais romans, mémentos dépassés, traités ridicules, pamphlets superbes, essais inutiles, chrestomathies poussiéreuses, guides de la route périmés, traductions ratées, textes anciens, recueils dernier cri, morceaux mal ou bien choisis, abrégés sévères, fascicules dédicacés, brochures chiantes, bouquins scolaires, publications spécialisées, anthologies bizarres. Hélène et les livres. Dans les livres Hélène. Ses fins-longs doigts, les pages hop. L'espionner dans sa lecture. Elle s'arrêtait un instant, pas trop longtemps, sur la page de garde, savoureuse redondance où le titre renaît. Nonchélènemment passée la douane des avis, avant-propos, préliminaires ou autres frontispices, elle fronçait le sourcil vers l'aventure des mots. Plongée dans les phrases, la lente ascension des paragraphes, la traversée des chapitres, les notes qu'on escalade, les excursions vers les renvois, la visite des alinéas, et puis l'apnée jusqu'au dénoueyment. Tourne les pages, petite princesse de Nestor le lecteur aux gants bleus, va, chasse le boustrophédon, pêche l'asyndète, pars à la capture du terrible zeugma. J'écrirai un livre où tu reviendras.

3

Seul vestige : une petite culotte que tu enlevas dans la nuit. Je roule au hasard. Paris by night. Le volant dans ma main droite, ta culotte serrée dans la gauche. En caressant la soie, je retrouverai tes gestes. Je déduirai tout du tissu. Tes jambes brunes à travers les deux trous morts. Tu renaîtras dans la texture de la dentelle. Présente, parce qu'absente. Proche, parce que lointaine.

Cette culotte : la théorie d'Hélène, son abstraction, sa formalisation. Sa représentation mathématique. Tout comme en physique sont symbolisées les forces par des flèches. Je revis les baisers, les pleurs, les menaces, les promesses, les sodomies. Cette culotte : une flèche. Une intégrale, un vecteur, une matrice. Alors l'extrême rapprochement et l'alternance volontaire de contacts entre la peau qui habille mes doigts et la dentelle qui habille sa peau pourront atteindre à un point d'abstraction suprême, proche d'un oubli de coma — syndrome proustien de la madeleine. Tout fétichisme repose sur un besoin de réminiscence et porte en lui cette dualité : ici le passé, là-bas le présent. Slip fripé dans ma main, ici, et Hélène loin de moi, ailleurs, dans une vie neuve, à Goa, New York, Sydney.

Les deux faces d'une culotte de femme n'expriment guère que les deux faces d'une disposition intérieure. L'instinct de vie : devant, sur le versant du triangle. L'instinct de mort : derrière, au seuil noir de Sodome. C'est la grande fête de la mémoire. Les traces mnésiques suivent les traces de pneu. Ce linge sali n'est rien, pourtant, qui maintient vivaces des tourbillons de cuisses, de cul, de reins. Il tangue à vide, sans hanches pour tendre son navire, sans lèvres. Blue-jean inhabité, soutien-gorge hanté : ils ne sont plus que forme et suggestion. Le souvenir des fesses et seins d'Hélène se lovent en eux comme le ruisseau entre les pierres restées. Une onde ravive les vertiges.

Sa jeunesse s'interrompt avec la mienne, là, aux limbes de cette culotte qui modèle à jamais sa chair enfuie.

4

> *Corps parfumés, tièdes, fermes. Tous baisés, donnés : dans les prés profonds de l'été, herbes couchées enchevêtrées, dans les couloirs suintants des maisons de pauvres, sur les divans, des lits qui craquent... Des hommes, des hommes, des hommes.*
>
> James Joyce, *Ulysse.*

Les rues des villes sans elle. Les rues des villes sans Hélène. Les rues des villes où marchent les gens. Ils vont-viennent et remuent, gentilles bestioles. Regardez-moi cette cravate, cette chemisette en sueur. Les souliers de cet homme, oui, le mot *soulier*. Ils foncent gris dans les brumes au matin. Dérapages et bruits de clefs, attente, bus et métro. Ils agrippent les rampes, se tiennent, assis debout, assez les gens, rendez-moi ma solitude. Votre nombre. Vos raisons. Ils sont aventuriers à leurs yeux. Les aventures de leur vie. Pas une boule blonde, non pas une lèvre qui sourit, pas de bas noirs comme dans une nuit, la fête en horreur, je ne vois que des mains agrippeuses, des souliers par milliards, des souliers à chaussettes vulgaires, jaunes chaussettes, vertes chaussettes pour pieds de gens. Celui qui lit. Chauve Monsieur qui pense en gros à sa femme. Elle est jeune. Elle est belle. Elle l'attend. Elle va acheter un peu de lait, les chats le savent, ils aiment le lait. Je ne veux pas les compter. Les gens ne se dénombrent pas. Ils sont le nombre. La multitude qui n'est jamais assez. Jamais au complet. Elle vous fait toujours un peu de place, l'humanité. Elle pousse un peu, dans le métro, elle rentre, on se tasse, odeurs, compressée tassée, hop, l'humanité dans le wagon.

L'humanité, l'humanité, l'humanité ! L'autre me fait mal, le poids de son existence contre la mienne. Ce ne sont que des massifs, et dans la rue, ils se jettent contre moi, fonte contre jade. Les salauds. Les cons : un seul morceau de moi, précieuse pierre, vaudra toute leur métallurgie. Mort aux métallos ! Baves illustres, foucades du destin, tribus, troupeaux, humanité, eux, toi, moi, pourquoi pas ? L'humanité passée, future. L'Humanité, Nous.

Je ne peux plus supporter de sortir dans la rue. Il y a tout ce monde. Tout ce monde monde monde monde et plus jamais Hélène. Plus jamais. Hélène Hélène Hélène. Les gens les gens. Les gens. Leur tête de taureau, leur *femme,* cuissue fatalité. Et celui-là, qu'a-t-il à son bras ? Sa femme. Vers quoi court celle-ci ? Bite cise au 23, rue des Oliviers. Pour elle ? Philippe. Pour lui ? Pascale depuis février 1992. Tiens, une voiture descend la rue. Moustache au volant, qui à côté ? L'autre sexe obligatoire à la place du mort. Couples partout, tristes typiques, destins en queue-d'aronde. Me fatiguent.

La gueule des gens. Leur gueule. Grosse, bouffie d'humanité, de contacts, de normalité communicatrice, d'échange, de pénétrations. Humaines partouzes. Gros, gras, profils de renards, faces de bœufs, vêtus pour être avec. Oh, je *le* vois à travers tous. Il a cette gueule-là, et à côté de lui, le charme en collant noir tricote des gambettes.

Mon Dieu, qu'est-ce que j'ai souffert cet après-midi en regardant passer ce, ce, ce : un pardessus blanc comme une blouse de chimiste, des cheveux blonds partout, mal rasé barbe noire, bouffe un sandwich en marchant comme Capone. (Joyce encore : *Chacun pour soi, de l'ongle et de la dent. Engoule. Bouffe. Engoule. Legoulotlagueule.*) Je l'aurais tué. Sa femme ? Pas vue. Elle a aimé sa grosse gueule large de monstre con le soir où il a roté au fond du bar. Un rot peut-être, mais une si grosse cuisse (de footballeur, s'est-elle demandé, rêveuse) sous son jean. Ils se ressemblent tous, pelure râpée grise « ma bohème », barbe de deux jours, katogans (À MORT ! À MORT ! À MORT NOM DE DIEU !), tâcherons de la bass guitar pour midinettes emballer. *Vanitas.* Oh oui, je les vois, je les recense, les renifle. Que ne puis-je les tuer de mes mains car leur, leur, leur, me tue.

(Comme « sa gravité me tue » disait l'autre. La gravité n'est plus de ce monde.)

L'humanité, la foule, tous ces noms. Tous pris, se prenant pour des dieux. Je ne voudrais décider de l'existence de Dieu que pour ça : m'assurer qu'ils ne reviennent pas, nulle part, jamais. Se prennent pour qui ? Les écorchés comme moi. À mort. *In saecula saeculorum amen*. Quant aux femmes de la rue : « Je lève mon menton (si joli) et mon regard ne croise surtout pas les leurs. » Hautaines petites grues.

Asseyez-vous un instant dans le hall de l'ANPE : plus de visages pleins de morgue, plus de démarches chaloupées en ces lieux : la vantardise poseuse du monde s'arrête aux portes de l'ANPE. Seuls les perfectos portés, achetés à coups de RMI, sont enflés. La bouffissure humaine a disparu, et les 205 ne s'y arrêtent plus en crissant des pneus. On a beau être macho, gros dur, avoir une boucle d'oreille en argent, accrocher sa grosse à soi, lever le menton quand on me croise crânement, le chômage, ça vous rabat le caquet. Leur sale caquet de beaufs statistiques qui ne comprennent rien à Fernando Pessoa ou Witold Gombrowicz. Le chômage a été inventé pour eux, je veux dire contre eux et pour des gens comme nous, Witoldo.

Les hommes, ces veaux méchants, calmes, ces mortels à l'affût. Lymphe, chair du corps de l'humain, cette matière disparaîtra en puant. Des bouches ouvertes béeront en direction des nuages, vers la pluie. Petits corps et vieux corps, gentils, éteints à la morgue, il fait bleu. Ils ont eu des rapports sexuels, et ils sont morts. Le vieillard a arrosé la vieillarde de sperme un peu chaud, après les huîtres du réveillon. Et dans les rots, renvois de sauces tragiques.

5

L'amour n'existe pas. Les poils existent, les orifices existent, la Beauté existe, les cuisses existent, pas l'amour. La preuve en est que s'il existait, on n'aurait pas besoin de le faire. Car dans *faire l'amour* il y a *faire,* comme dans *faire caca.* On a trop l'impression qu'un pénis dans une vulve a quelque chose à voir avec l'ivresse provoquée par un Saint-Émilion meilleur cru, la Vénus de Milo, le cosmos tout entier ou une toile de Turner. C'est que nous adorons mêler dans une pâte sirupeuse la navrante banalité d'une pirouette glandulaire aux infinis vrais. Il suffit par exemple à des millions de cons d'un refrain mou à la mode pour voir, par-delà le casque d'un baladeur, leurs yeux balayer tout l'espace de larmes immenses. C'est le tableau du petit caporal sous le néon d'un quai de gare à 22 h 18 tous les dimanches. Regardez-le encore avec sa fiancée arc-boutée, qui croit serrer la main de Dieu en pelotant un dernier sein.

— Tu prends toujours des exemples militaires...

Ta gueule : j'y ai passé douze mois, à l'armée... Douze très longs mois... Cinq mois de classe, d'abord, indescriptible cauchemar dont je me demande encore par quel miracle j'ai pu réchapper. Marches, parcours du combattant, rallyes (à pied, bien sûr), courses d'orientation, descentes en rappel, cross, tir au Famas, au Lance-Roquette Anti-Char, au canon de 155, à la grenade, et j'en passe...

Entorse (grave) dans les ronces et la gadoue, montant la garde par moins mille, réveillé au milieu de nulle part à 4 heures du matin transi de froid, grattant les cuves de chiottes à l'Opinel, tout ça avec d'énormes brodequins toujours cirés nickel et qui donnent des tendinites à tomber dans les pommes. Cinq mois. Et sept autres mois comme chef-de-section à faire faire la même chose à de pauvres types qui ne m'ont rien fait. Aspirant, puis sous-lieutenant, 3e Régiment d'Artillerie de Marine, à *Verdun.*

6

Un jour, j'écrirai un vrai livre pour les éditeurs, plume au bec. Les mots qui viennent, reviennent, tournent, ivres. Saouls de vie, dans le délire et la manie. Avec tout le bagage de la littérature : les malheurs et les adjectifs, les impressions, les filles, les choses, les gens. Un roman avec de l'amour dedans : un type qui pleure parce qu'elle est partie, un suicide à la con, un sexe qui cherche l'âme sœur dans le noir. Raconter tout ça, encore, encore, encore, jusqu'à la terre avec les bestioles.

— Hélène n'est pas là ?

Non : elle est partie faire des courses. Tu arrives deux minutes trop tard. C'est trop bête.

Ou alors, carrément :

— Hélène n'est pas là ?

Si : elle est morte. Elle est dans le salon, là, elle vient juste de mourir. Tu arrives deux minutes trop tard. C'est trop bête. C'est drôle, son visage, ses yeux, tout ça : elle est belle, non ?

La mort de la femme d'un homme. Mieux : la mort des enfants d'un homme et d'une femme : la colo le bus l'autoroute les corps, du charbon de bois, têtes blondes calcinées, petites têtes à claques se consument, fumée noire, porc grillé, péage holocauste, gras chauffeur pionce, cuve-pinard assoupi.

La vie, accident. Je suis un homme. Le hasard le connaît, son homme. Tu trottes dans un bois, balle perdue, tu meurs. Tu traverses la rue-là, ça crisse, hop, la croix dans du sable, et des pleurnichards qui font des prières parce que tu étais un type bien. Tu appuies là-dessus, boum, le gaz et les fuites, grille-mec, direct en cendres, incinéré-minet, ta femme va pleurer dans les bras d'un Louis. Le hasard salaud. Les trois secondes de trop. La fraction qui tue. Le contretemps qui broie. Putain.

Contre ça, les tueries des choses, je connais un médicament fantastique : l'écriture. Puisque tu m'as largué, salope, je vais torcher un chef-d'œuvre qui te fera revenir, mon amour.

Les mots s'enfilent à la maison, parce que dehors, il fait froid, il fait hasard, il fait peur. Les pages avancent, les chapitres s'entassent, le radiateur est bouillant. Cocotte-maison, chaudron-bouillotte où se préparent les phrases longues, les ascèses grammaticales, les douleurs d'adverbes. Merci les mots. Je vous éjacule bien, vous êtes ma femme. Fidèles machins partout.

Un accident de voiture, dehors. Un type hurle. On voit que c'est pas lui qui dort. Hors de question de sortir du pieu. Ni pour jouer les badauds, ni pour jouer les secouristes. Y en aura bien un qui se dévouera.

— Ma femme... Elle... Elle est morte...

Ta gueule. Dors, on verra ça demain. *Toutes* les femmes meurent. La tienne a pris de l'avance, c'est tout. Il y en a d'autres. Regarde les mollets de cette rousse. Tu vois dis la brune, là, Élodie : je suis sûr qu'elle dépote au padoque.

— Charlotte...

Si c'est juste un problème de Charlotte, y en a d'autres, des Charlotte. J'en connais au moins deux déjà. Une blondinette sodophile et une semi-ruskoff compliquée. Regarde, le plafond. Regarde mieux : c'est un ciel. Tu vois les mouches ? Ce sont des étoiles. Ta Charlotte habite au milieu. Il y a des anges, des moineaux. De l'aile partout, qui tournicote, de l'aile et de la plume. Du duveteux. Du moelleux. Du moucheux. Du vrombisseux. Charlotte-mouche virevolte, se pose sur ma main, chatouille.

Et le voisin, la semaine dernière :

— Mon fils...

Quoi ton fils ? Et mon fils, et mon fils, alouette, quoi ton fils ?

— Mon... Mon fils vient de...

Montherlant aussi, s'est suicidé, et regarde : c'était un génie. Et Zweig, et Kleist, et des milliards d'autres, mais qui ont moins écrit.

— On a retrouvé une lettre...

Un grand classique, la lettre. Remords à rebours. Le tralala des accusations, le couplet des oubliés de l'amour. Un équivalent ? Le coup du Berger, aux échecs. Archi-déjà-vu. Nul. Papa-maman-je-ne-vous-en-veux-pas, poum poum, vous-n'avez-pas-su-zouim-zouim, etc. etc., je-pars-voir-les-mouches. On connaît cette musique-là. Personnellement, je préfère Michel Polnareff et les Who. Simple question de goût (et je passe pour avoir le goût simple, mais sûr).

— Il s'est jeté sous un train...

Bien, mais si on parlait d'autre chose. Il n'y a pas que les mouches dans la vie.

7

La vie de la vie des gens : sale spectacle. Engoncés dans leur morve, ils vont l'hiver en toussant sur les quais pour guetter le bruit d'un métro. Ce sont des cons. Là, il y a une belle. Je la regarde. La cuisse est longue, le sein emmitouflé. Il faut tout imaginer : le galbe et les contours, la bouille du téton, le dessin des ovales, tout. Parmi les sales et les toussoteux, dans la fange des culs frôleurs, des grises-gueules et des louches-types. Salauds les mecs.

Place de Clichy, cliche, cliché, clichons, nichons : elle descend là. Verve en slip, je déboîte aussi, avec des idées de poèmes. J'essaye d'oublier l'autre pute, là, la femme de ma vie, Hélène. Je la suis. Belle croupe, le jean haut. Vingt-cinq ans. J'ai mon walkman sur la tête : Michel Polnareff. Son cul planté dans mes yeux. Une fesse dans chaque œil. Je ne vois plus la planète, tout autour. Les cons sont morts. Je suis seul avec elle, tes belles pommes qui roulent et grimacent, dodelinent du fion, crient sous la soie, m'appellent et m'implorent. Je baptise « Johnny » son derrière.

Johnny à quelques centimètres de mon envie dans l'escalator. Ma main souhaite la promenade. Guili-Johnny-hop. Traviata. C'est fait, trop tard. Elle se retourne, furieuse, et, comme dans un roman ou dans un film ou dans ma vie, c'est la gifle (*Ohrfeige,* disent les Allemands).

Je suis vexé, abasourdi. Je m'y attendais mais quand même. En public, c'est toujours délicat, la gestion de la gifle. C'est marrant l'être humain de sexe féminin : une main sur une fesse, et une autre main vous revient, en boomerang, sur la joue. C'est mécanique, c'est universel, ça fonctionne comme ça à Tokyo, à Jérusalem, à Chartres, à Istanbul.

Place de Clichy, elle trotte, traverse, vite vite, et c'est l'accident. Moi témoin, la main dans la poche. Un gros camion conduit par un gros camionneur, un peu de vitesse par-ci, de la lenteur par-là, le hasard fait ses calculs, le compte est bon : je vois Johnny dans les airs, au milieu des mouches, choc mou, des freins des cris, un corps qui tombe, Johnny be good, Johnny bitume, on connaît la suite : les badauds l'ambulance la foule, Samu témoin hosto, et le mari paniqué qui sprinte : tu n'aurais pas vu ma femme ?

Elle s'appelait Charlotte. C'est le mari qui raconte (un rouquin en jean). Nous nous sommes connus à Aix-en-Provence, dit-il. J'étais au lycée. Elle était dans la rue. J'étais d'Aix. Elle était de Gardanne. Vous connaissez Gardanne ? Un petit bled, sans intérêt, mais avec des pavillons tranquilles et un marchand de légumes qui loue des cassettes pornos.

— Vous êtes sûr que ce n'est pas plutôt le boucher ?

Être humain, mon vieux, arrête un peu. Ton humanitude commence à me les briser. Tes phrases me fatiguent, si tu veux savoir. Ta femme, son avenir en forme de tombeau, les vermisseaux et les saisons, c'est bien joli. Mais j'ai un roman à écrire pour récupérer Hélène (ou plutôt : j'ai un roman-pour-récupérer-Hélène à écrire).

Ce sera une histoire d'amour. Les fillettes apprécieront. Au sommaire de ma petite démence : des voiles, pour le mystère, et de la soie, pour le cul. Des miches et des mots doux. Et, au coin d'une phrase, au gré d'une parenthèse, mon poing sur la gueule à son nouveau mec, pourquoi pas ?

Une histoire d'amour avec briquets, comme pour les

ballades, dans les concerts. Pisseuses, à vos pouces. Cramez l'azur sous les étoiles. Dégrafez tout, j'arrive. Je veux voir vos poitrines drues, vicieuses ! Je ne sers des sentiments qu'aux cochonnes. L'eau de rose, chez moi, ne se mêle qu'au foutre. Plantez vos ongles. Mordez-moi la gueule. Hurlez sous mon torse. Lisez-moi tout ça, et magnez-vous d'aimer. Sucez ma prose, belettes ! Avalez donc, avec gloussages de jouisse, ça j'exige.

Ça commencera par une femme que j'aime. Appelons-la Hélène. Appelons-moi Nestor. Et le jour viendra où mon corps, à nouveau, dira des choses à ton corps, Hélène, qui répétera tout à mon corps, et ainsi de suite jusqu'au silence des Charlottes et des mouches.

Je raconterai donc l'histoire d'Hélène (elle) et d'un type qui s'appelle Nestor (moi).

— Crache-la ton historiette, crache-la qu'on t'édite !

On n'écrit pas pour être édité, on se fait éditer pour pouvoir écrire. Nuance. L'histoire, je la vois comme ça. Elle commencera à Sainte-Maxime, parmi les senteurs de pins, de cyprès. Il y aura une villa. Il y aura une terrasse. Il y aura un transat. Il y aura Hélène. Et puis non, elle ne commencera pas. Il n'y a que dans la vie que les histoires commencent. Je n'écrirai pas de livre, pas tout de suite. Je préfère la vie, ses courbatures, ses gifles, ses bouquets.

— Tu écris un roman sur Hélène, on m'a dit...

Faux. Je n'écris pas de roman. Et puis si j'en écrivais un, ce ne serait certainement pas sur cette conne.

— Un peu facile, non ?

La littérature est extrêmement facile : c'est pourquoi elle est extrêmement difficile, disait Gombrowicz. Disait ? Mais il le dit toujours. Jamais mort, Witoldo. Jamais mort.

— Charlotte... Charlotte, continue le rouquin, au milieu des sanglots.

Larmes rouges. Grains de laideur. Laide si laide, mochissime est la tristesse sur le visage des rouquins. Amer monde.

Me venger d'elle. De ton départ, Hélène. Me suicider

sentimentalement. Du trash. Faire l'amour avec une vieille. Une vraie vraie vieille, entre soixante et quatre-vingts. Mordre à même les grumeaux de peau, éjaculer dans le fripé au milieu des varices, tâter les ecchymoses bleutées des cuisses en bouillie, enfouir ma verge dans une huître putride et dégoulinante, le tout dans des relents de vesses infâmes et dans la rance odeur des urines malades. Faire jouir toute cette viande avariée, sans dents, l'entendre soupirer, gémir, sentir ses mains squelettiques et glacées sur mon visage tandis que j'embrasse les lèvres poilues, faire sursauter par secousses joviales cette immonde ordure écaillée aux veinules saillantes et violettes, suçoter à mort partout les bourrelets fanés, les affreux cratères merdeux, les plis blêmes. M'introduire en hurlant de plaisir dans une carcasse morbide étoilée de vaisseaux bouchés, d'artères encombrées, caresser comme un amant fou sous la lune les deux seins cancéreux, aplatis et morts, vérolés, horribles — deux étrons écrasés. Arroser de sperme frais toutes ces vieilleries anatomiques, ce louche grenier de vie, ce cadavre gigotant d'extase pénible sous les coups de boutoir. Impression de faire la mort avec une femme. Insulter la vieille peau pendant l'acte, catin, salope, t'aimes ça pute, etc. Grand-mère à perruque, encore meilleur. Quasi chauve dessous. Oter le toupet. Vomir mon foutre dedans. Beugler de joie.

Folie sueur. Une vieille qui fellationne. Une sodomie à l'ancienne. Un 69 à 70 ans. On a peine à le croire, forcément, lorsqu'on voit une personne âgée, qu'on discute avec elle, on a peine à le croire que ça devait y aller fort au lit. Que toutes les saloperies qu'on a l'impression d'avoir inventées existaient déjà il y a cinquante, cent, mille ans ! Impossible d'imaginer, pourtant, que ces personnages en noir-et-blanc, figés sur les cartes postales, les photos jaunies, ont passé des nuits à lécher, à branler, à embrasser, à jouir...

8

Hélène, Hélène, ambiguë, fiable, smic, smicard, smic smac, moléculaire, toulouse-lautrécienne, elle m'oubliera, elle sourira à un autre que moi, qui lui sentira les cheveux, qui lui pressera les mains, elle m'oubliera comme eux, ceux qu'elle a connus avant moi, elle rira avec un autre que moi, qui lui écrira des poèmes et deviendra écrivain, elle m'oubliera comme eux, Hélène, elle pleurera avec un autre que moi, qui lui mouillera les yeux, et mouillera les siens, et mouille déjà les miens, elle m'oubliera comme eux, elle se mariera avec un autre que moi, qui lui dira des je t'aime, et pensera au lendemain, elle m'oubliera comme eux, qui l'ont déjà oubliée, elle est belle, elle m'éblouissait jusqu'au sommeil, m'enlevait l'envie d'aller respirer l'air froid, de travailler, Hélène, lui dire une dernière fois que la faux me fauchera, Hélène, plongeon dans la terre, je vois tout dans un spasme, les tromperies avec un salaud sans charisme, ou, pire, avec charisme, tromperies de boulevard, les quiproquos cyniques, les mensonges odieux, des envies me sautent à la gorge d'assassiner le rival con qui l'amuse, Hélène, solitude, retourner dans ce pays, la solitude, je le connais bien, trop bien, retourner là-bas, au côté des frustrés, des vieux, des clochards, des romantiques et des ridicules, Hélène, je pleure, je ne frime plus, je chiale comme une madeleine, c'est vraiment débile cette expression, oui, je souffre la vraie souffrance, comme dans les grands vrais romans, sauf que là ce serait un roman contemporain, avec des techniques ultramodernes pour décrire le monologue intérieur, sans ponctuation, non, pas le genre à rester seule très longtemps, nuit, néant, mort, mais je ne t'en veux pas, Hélène, je ne t'en veux pas, je n'ai pas le droit de t'en vouloir, je veux que tu sois heureuse, non, c'est faux, je suis malhonnête, je veux que tu sois malheureuse, Hélène, tu aimes les relations sexuelles, tu aimes la bite, tu suceras un gland étranger un soir où, peut-être, je sangloterai comme un môme en pensant à toi, enfer, son corps à un autre, pour un autre, Hélène, ses gémissements divins, sans vergogne, comme ça, si rapidement, boum, de moi à lui, lui, quelle punition, je pleure, je ne sais pas si vous avez remarqué, mais depuis le début je ne sais faire que ça, et pourtant je m'étais remis en cause, j'avais changé, je pleure, un jour elle se mariera, elle se mariera, elle se mariera, elle se mariera avec un autre que moi, oui, mais alors là je vais te dire, là, Hélène, tu n'as pas le droit de faire ça, c'est salaud, c'est pas juste, c'est à la limite de l'incorrect, moi j'ai toujours été réglo avec toi, j'ai passé ma vie à être fou d'amour pour toi, je connais tes yeux par cœur, et puis j'aime tes deux seins, ils sont ronds, lisses, en tremplin de ski, c'est mon genre préféré, mais non, je plaisantais, tu prends toujours tout au pied de la lettre, je n'en ai rien à foutre de ton physique; je t'aime pour toi, mais non, je n'ai pas dit que tu étais laide, je dis seulement que je t'aime comme un tout, c'est un ensemble de choses, ne fais pas semblant de ne pas comprendre, tu m'as très bien compris, oh, Hélène, Hélène, non mais tu pourrais répondre quand même, quand on te parle on a l'impression de parler dans le vide, c'est agréable, bref, de toute façon, je te le redis, si tu restes avec ce tocard, je, mais non, je l'insulte pas, je dis seulement que c'est pas un type pour toi, c'est tout, ça me paraît évident, d'ailleurs je suis pas le seul à le penser, quoi, non, ça te regarde pas, mais je suis pas le seul à le penser, c'est tout, non, je te donnerai pas de noms, ça sert à rien puisque, mais non, mais ne t'énerve pas, je, je, Hélène, Hélène, d'accord, excuse-moi, pardon, attends, non attends, d'accord, je vais te dire qui, Hélène, Hélène, reviens, je vais te dire qui, reviens, je suis désolé, je recommencerai pas, tu as le droit de te marier avec qui tu veux, je voudrais qu'on reste amis, reviens, je viendrai à ton mariage, ça sera super et je serai même pas jaloux, oh ça non, tu sais moi la jalousie, c'est pas mon truc, c'est fini ce temps-là, j'ai changé, y a pas moins jaloux que moi, tiens, l'autre fois, j'étais avec une copine, une nana sublimissime que tu connais pas et qui est folle amoureuse de moi, mais je te la présenterai, eh bien elle me dit comme ça, on sortait du cinéma, c'était samedi dernier, tu pourras lui demander, elle m'a dit c'est incroyable à quel point tu n'es pas jaloux, j'ai jamais vu ça, j'ai jamais vu un type aussi peu jaloux que toi, alors tu vois, tu n'as rien à craindre, au contraire, non, c'est vrai, je suis content que tu sortes avec Machin, non, je te jure, j'ai oublié son prénom, Machin, c'est pas péjoratif dans mon esprit, c'est un terme générique, c'est affectueux, d'ailleurs je suis sûr qu'on s'entendrait super-bien lui et moi, tu crois pas, de toute façon on a déjà un point commun, on est amoureux de toi, sauf que moi, maintenant, c'est sous l'angle de l'amitié, mais une amitié spéciale, hein, pas une amitié comme les autres, hein, hein, une amitié amoureuse, parce qu'on aura beau faire, il y aura toujours *ça* entre nous, ce sera plus fort que la mort, on ne peut pas raturer le passé, le fait qu'on ait fait l'amour, ça, personne ne pourra jamais nous l'enlever, hein, Hélène, hein, hein, c'est pour ça que je dis que ça peut pas être entre nous comme ça l'est entre toi et tes autres copains normaux, tu vois, mais bon, c'est bien que ce soit terminé, ça vaut mieux comme ça, je préfère que tu sois heureuse, c'est mon seul souci dans la vie, il n'y a que ton bonheur qui m'intéresse, et si ton bonheur, c'est d'aimer des types comme Machin, je dois quand même respecter ton choix, ton choix est sacré, sacré, même si, là, il est contestable, je dois le respecter, j'avoue, parce que je peux te le dire étant un ami, que je suis un peu déçu par ton choix, mais bon, je le respecte, et je suis sûr, mais alors sûr, que même si, sur le plan intellectuel, Machin t'apportera moins que moi, il te baisera sûrement mieux, et fera un très bon mari, puisque de toute façon, il n'y a que le cul qui t'intéresse, tu es comme les autres, je me suis fait avoir à cause de ton minois à qui on donnerait le Bon Dieu sans confession, mais tu es une nympho, comme toutes ces putes qui remplissent les rues, tiens, et puis tu me dégoûtes, de toute façon je t'ai jamais vraiment aimée, y a que ton cul et tes seins qui m'intéressaient, je peux te l'avouer maintenant, et puis t'avouer aussi que lorsque nous nous promenions, tous les deux, eh bien j'avais honte de toi, parce qu'au fond de moi-même, je te trouvais ridicule, et que ce ridicule te rendait laide à un point que tu ne soupçonnes même pas parce que tu es con comme tes pieds, ma pauvre, non mais qu'est-ce que tu crois, dis, tu te prends pour qui, là, hein, non mais tu te prends pour qui avec tes airs, tes airs qui récoltent tous les beaufs du coin, parce que la seule chose qui t'intéresse, c'est de faire bander les beaufs, et même ça t'as de plus en plus de mal à le faire, parce que moi j'ai bien regardé dans la rue, et je peux te le dire, tu sais qui tu fais bander, hein, tu veux que je te le dise, hein, qui tu fais bander, eh bien tu fais bander les vieux, les vieillards sur les quais, là, près des bouquinistes, allez, dégage tu me dégoûtes, je veux plus jamais entendre parler de toi, plus jamais tu m'entends, casse-toi, va épouser ton connard foutreux et disparais à jamais.

9

Menottes-love et partage-bidet : on m'appelle Mariage. Pas Jimmy ni Bob : Mariage. Je sers à des choses. J'attache les gens aux gens pour qu'ils fassent des gens. Je les mets dans des maisons. Je dure parfois.

Dans le chaud leurs corps vivotent. Ils ont des télécommandes. Des jardins des chiens des belles clôtures. Beaucoup de bonheur, une espérance de vie. Ils bêchent aussi.

Tout a commencé sous un clocher. Deux boules une bite d'un côté, des cheveux longs de l'autre. Ils ont dit oui. Un homme d'église a bagué le tout, et puis les chansonnettes ont retenti sous l'abside. Ils ont dit oui, des gosses plein le slip. Et Venise au bout du bazar, lune de miel, le feu aux fesses. Venise ou Vienne ou Barcelone, du moment qu'on coïte.

Future-Femme se pare d'une robe. Souvent blanche, pour le pur. Elle ondule dessous en sueur, à petits pas. Petits pas de souliers menus lovement mis. Ivre comme flot d'*appartenir* bientôt. Les années fuiront : il faut now-vivre. Du trash au padoque tonight, comme des tonnerres de joie. Les jeunes mariés à la renverse, dans le plaisir. Multipliez-vous. L'allégresse d'une beuglure dans un con jouissant.

Monsieur arbore un nœud papillon. La grande grande classe. Hier, avec ses amis, il a enterré sa vie de garçon. Il s'est vidé les testicules dans le vagin d'une putain. Il s'est saoulé la gueule. Il a vomi, c'était ce matin, aux alentours de cinq heures, dans les escaliers de l'immeuble. La concierge est passée avec un balai et une serpillière. Elle a tout bien nettoyé partout.

Des gamins derrière, fillettes et garçonnets. D'*honneur,* on les appelle, ces merdeux : ils tirent sur la robe de la mariée. Les copains sont là, eux aussi, ceux du bar et d'ailleurs, ceux des heures de bureau, des types *comme ça*. Luc, Fabrice, Gérard, Patrick, Jacques, Jean, Marc, Georges : ils sont *de la fête*. Des artistes quelque part. Et les bizarres aussi sont là, et les frime-coco, et les tontons pétomanes, et les blagueurs salaces de bouts de table.

C'est qu'on a invité par milliards. Des tonnes et des tonnes de types. De tout ploucs. Du notable, de la queue de pie. Les raffoleurs de gigot saignant. Y a de la verve, on jeudemote, on almanavermote, on chipote, on pelote, on titillecharlotte. Dans les graviers, des pas qui courent en rigolant, on s'amuse, on chante, on crie vers les oiseaux. Et le champagne ruisselle. Le vin vieux qu'on débouchonne, ça fait une sorte de « pop ». Du vin de messe avec du pain. On discute du pays natal par des désignations de fourchette. Reviande et resauce, les plats, on fait repasser, les doigts barbotent, ça fredonne de l'occiput et le jambon sue.

Les chanteurs la ramènent, dans la pagaille. On entonne. Une femme dans une chanson s'appelle Huguette. Il y a celle aussi avec Marie, une vraie salope au refrain. Les morceaux de couteaux qui cliquetiquent, un peu de lèvres sur un peu du papier des serviettes à fleurs.

Le soleil tape sur les peaux. Il tanne les lascars. Comme un salaud. On plisse de l'œil, en chanson toujours, en racontars cancans, souvenirs, guéguerres, on badine avec d'antan, la mémoire des dortoirs et des branlures muettes à l'heure du ressac des pions.

Petite fluviale poésie : regardons le crépuscule des messieurs-goinfres. Une odeur monte du jardinet. N'est-ce point Juliette, celle du grill-tourniquet qui danse dans l'été mourant ? Une farandole de calvities, queuleuleu-tralala tournoyeuse dans l'oliveraie.

Les gros doigts des gros. Taillés pour la chips et le dindonneau. Rigodon fou, une raie dans les cheveux, quand les chemises se trempent. Les roses-ventrus jouent à la lune : ils déposent un mouchoir derrière un dos, puis courent hop. Leurs dents sont vertes ainsi que la vase. Ça c'est les escargots de midi.

Les hommes et les femmes. Ils sortent de table. La hanche graisseuse, digèrent des cuisses de rainettes. Les hommes se grattent une couille ou se curent un nez. Léon a son petit doigt dans son oreille. André vient de *lâcher une caille*. Yves et Yvette oublient leurs tourments au son de l'accordéon. Leurs deux enfants, Éric et Gilbert, sont mort carbonisés, en juillet dernier, en revenant du Mont-Dore où ils étaient partis faire les cons et embêter les filles grâce au comité d'entreprise de l'entreprise qui licencierait Yves dans deux mois, une semaine et trois jours.

Mais voilà la mariée, elle escalade un guéridon. Elle joue à la jarretière. C'est drôle. Bruno se plaît à l'étude de sa cuisse de rainette. Il a le sexe alimentaire. C'est un gros à bretelles que la quarantaine touche du doigt. Un homme grossier qui habite l'ombre. Chaque nuit désormais fera ce rêve de cuisse et de mollet dans sa tête. Son sexe viendra habiter sa main et divertir sa douleur.

Vive la mariée. Son petit nom est Hyacinthe. Elle fait des moulinets avec les bras. Elle reçoit des fleurs sur sa robe blanche qui a coûté 3 543 francs au Printemps. Elle est reine, elle sourit dans les pétales. Elle oublie tout, aujourd'hui. Parce que c'est le plus beau jour de sa vie de merde. Oui, elle oublie tout. Elle oublie les toilettes du lycée professionnel Blaise-Pascal, où, à l'odeur des urinoirs, elle superposait celle du sperme en secouant très fort, par un mouvement de poignet qui devait autant à l'instinct que la brasse saccadée du jeune teckel jeté dans l'étang glacé par un maître vicelard, le zizi dégueulasse des tourneurs-fraiseurs et des menuisiers. Elle oublie tout, aujourd'hui, Hyacinthe. Elle oublie ce dimanche matin d'avril où, derrière l'usine Saint-Gobain, dans le hangar désaffecté que son frère Rodolphe avait choisi pour répéter certains soirs avec son groupe, elle s'était accroupie, avait serré les dents, puis était repartie le ventre vide, à l'allure d'une folle, de la peur plein les jambes et des doigts plein les oreilles, pour ne jamais plus avoir à entendre les hurlements du petit corps violet qui, sur le béton taché, réclamait sa mère et un peu de lait.

Mais observons maintenant Albin. Son arrière-grand-père fut cocher. Son grand-père, caporal au temps des obus. Albin est agriculteur. Il possède des terres. Il a une ferme avec des poules. Elles pondent des œufs frais. C'est une vie saine, qu'il mène. Son âne est mort l'an dernier. Albin a trente-huit ans, il est célibataire. Il ne sait pas encore qu'il mourra à quarante-deux ans d'un cancer de l'estomac. Pour l'instant, il a la tête ailleurs (c'est con, parce que son cancer est déjà quasiment décelable, mais comme il n'a mal nulle part, il n'a pas du tout l'idée d'aller se faire ausculter l'estomac au Centre de cancérologie où sa tante est payée à nettoyer les chiottes) : il a repéré une *salope*, une blonde qui fume des brunes (ça, c'est du Albin tout craché — il adore faire de l'esprit avec pas grand-chose, comme sa grand-mère Totote faisait du bouillon avec les restes avant qu'elle ne calanche, en août 75). Cynthia-la-Douce serait son nom. Elle aimerait couiner sous un mec, faire des pipes baveuses. Une bonne petite femme, de la qui-s'agite jour et nuit, le nibard à ballon.

Passons à présent à Pascal. Son problème, à Pascal, c'est le fion. Tout petit, il avait vu de près, et dans l'ordre : la bite à papa, la bite à monsieur le curé, la bite à un moustachu-rouflaquettes dans un film avec un carré sur la droite en bas, la bite au monsieur qui était toujours là quand papa était pas là, la bite à sa sœur qu'avait même pas de bite, la bite à Coulomiers derrière l'abribus en 77, la bite à Nestor qui se l'était peinte en bleu, la bite au monsieur qui était toujours là quand papa et le monsieur qui était toujours là quand papa était pas là étaient pas là, la grosse bite à Ducloux dans les vestiaires, et la bite d'amarrage du vieux port sur laquelle Coulomiers avait dessiné une bite. Longtemps, Pascal ne s'était servi de la sienne que dans le but, assez terre à terre, de soulager une vessie qu'il avait par nature moins complaisante que la moyenne. Mais du jour (7 février 1978) où, ayant emprunté à Coulomiers une revue pleine de sphincters et de vagins, il découvrit la puissance thermonucléaire que le destin avait cousu entre ses genoux, il devint, non un simple adepte de la pénétration, comme vous et moi, mais la terreur des sous-sols humides et des caves mal éclairées. Que Pascal ne pût concevoir les choses de l'amour sans coups et blessures, passe encore, qu'il ne pût s'empêcher de préférer l'intimité chevaleresque des cages d'escalier au conformisme moelleux des chambrettes de pucelles, soit, mais ce qui le rendit célèbre dans la cité et alentour, c'était cette vénération sauvage pour les plaisirs de Corydon : Pascal enculait tout ce qui bougeait. Des caves aux greniers, du matin jusqu'au soir et de la tête au pied : il enculait. Tout y passait, même les mouches. Inquiets de cet engouement plutôt singulier chez des hétéros de père en fils, ses parents, Monique et Pierre Fion, se rendirent chez un psychologue qui leur éclata de rire au nez. Ça a l'air drôle, comme ça, mais ce n'est pas drôle du tout. Car quelques jours plus tard, Pierre Fion décida de mettre un peu d'ordre dans les cassettes vidéo. Éberlué par la vision d'un poing ganté de nègre dans l'anus de son fils unique, il griffonna un mot, le plia dans une enveloppe saumon qu'il aimanta sur le frigo et sauta par la fenêtre du quatorzième étage. Lorsque le commissaire divisionnaire Lesage, ex-amant de Pascal Fion, ouvrit le frigo pour voir s'il n'y avait pas quelque chose à grignoter, style Kiri, il aperçut l'enveloppe et ne put s'empêcher de sourire derrière sa moustache à la Jean Rochefort (il ressemblait un peu à Jean Rochefort) lorsqu'il en découvrit le contenu : *Je ne veux pas d'un pédé à la maison. Adieu. Pierre.*

Lui, là, c'est Olivier. Olivier Betterave. Il est diplômé de l'École supérieure de commerce de Reims. Champagne et partie-double. Il rêve de parties carrées. Il noue ses cravates et glisse sa chemise dans son slip avant d'enfiler son pantalon de costume anthracite d'auditeur interne chez Usinor-Sacilor. Le soir, il boit du whisky et perd ses cheveux. Sa douche, son lavabo en sont remplis. Il fait des bilans. Il les compte. Il est triste. Au petit matin dans les courants d'air givrés de la rue-qui-pue, il va, tout doux, il va, un mouchoir écossais plié dans la poche gauche de son pantalon anthracite et un critérium pointu à hauteur du cœur, dans sa veste anthracite.

Un jour de pluie, rentré plus tôt du bureau, il s'est assoupi sur le matelas de sa chambre. Un ami-qui-avait-la-clef l'a surpris en train de se masturber. Rapide comme l'éclair, une fois n'est pas coutume, Olivier a rabattu le drap sur sa verge et a simulé une quinte de toux. Et puis il a embrayé la conversation sur le dernier Michael Jackson, la première croisade, Sartre, la belle journée d'aujourd'hui, a conclu, enfin, par des réserves sur les critères de Maastricht, selon lui trop friedmaniens.

Olivier n'est pas beau. Son nez si long le gêne, il a l'œil ridicule et l'auréole facile sous l'aisselle. Il adore ses amis qui sont fantastiques. La nuit, il les voit casquettes et gants noirs qui s'acheminent telles des ombres vers le trou de son cul. Il rêve, oui, il rêve de nains déguisés en fées qui lui pissent à la gueule. Il habite Gif-sur-Yvette. Un jour, c'est sûr, il habitera Paris. Et il plaira à une femme qui lui donnera des enfants. Un jour.

Au fin fond du fond du fin fin fond de sa petite gueule

morfondue par les heures de chiffres et de branlette nauséeuse, il y a dans Olivier, loin des envies de pâquerettes et des promenades dominicales sous le ciel d'automne, des envies de meurtre à n'en plus finir. Il a des couteaux plein la tête, des mitrailleuses, des virus HIV, des poisons, des clous, des bombes thermonucléaires et des sacs en plastique pour étouffer les vieilles dames du XVIIe arrondissement de Paris. Olivier, ha ha, vous rigoliez, souvenez-vous, si si, vous rigoliez, vous vous moquiez de lui, de sa gentillesse et de son gros cul, de sa naïveté et de sa calvitie, vous montriez du doigt sa bêtise, vous mimiez son double menton, eh bien ça va être à votre tour de déguster à présent, ça va être votre fête. Il ne fallait pas l'emmerder. Un bain de sang, un bain de sang, se répète Olivier pendant des heures, dans sa salle de bain, et il joue avec la lame de son rasoir, oui, il va falloir payer maintenant, et la note va être lourde, mes cocos, Olivier Betterave va vous montrer de quoi il peut être capable. Il se mouille la tête. Serre les dents très fort. Il se regarde une dernière fois dans la glace. S'entaille les veines, et meurt.

10

Je suis retourné sur la plage, celle où nous avions fait l'amour. Ta plage, Hélène. J'aime les vagues à l'âme qu'offrent les bords de mer. De longs tissus de songes s'étirent sous la tête mouillée. Il pleut sur les idées. Et puis ces hurlements d'oiseaux vifs, l'œil pêcheur, en fond sonore au vaste. Le matin la mer réveille par son lointain brumeux, elle apaise le soir par son orange infini. Paisible, aujourd'hui. De l'huile. Et pourtant, dessous...

Dessous, des milliards de machins. Mous muets. Glougloutent. Ça fuse. Ça glisse. Se faufile. Vitesse. Sourd monde de frousses et planques. Jungle sournoise. Danses lymphatiques. Silence guetteur. Formes débiles. Bulles. Ça pique sous la flotte. La plante agresse. Fleur tue. La mer pince. Brûle. Le héros seul nage en mer. Gant Bleu. Bleu-océan. Brasse douce. J'avance lent. Sous moi les monstres. Affamés requins. Méduses méchantes. Raies survoltées. Poissons-tronçonneuses. Algues à clous. Anémones phalloïdes. Oursins-vampires.

Je nage. Je ne suis rien. Ma finitude minable se noie dans l'immensité. Grain de sel. Et l'eau sans fin qui s'en fout. Je suis un brin de brin de pas grand-chose. En équilibre sur l'horizon. Rester là. Prendre un calepin d'écolier. Et pondre sur la mer les poèmes les plus complaisants. Les plus emphatiques. Les plus niais. Les plus naïfs du monde. Écrire mes battements à l'encre bleue. Me jeter à l'eau comme écrivain. J'ai la beauté facile quand je veux. Les décors me rendent doués. Larmes et mer. Je t'aime Hélène. Le plafond du ciel est bas. L'orage approche.

Le rivage. Mes pieds nus laissent des cicatrices sur le sable trempé. Unique preuve que j'existe : l'empreinte de mon dernier pas. Elle s'évanouit, déjà. Nappe verte. J'ai froid. Je tremble comme une flamme. La plage. Vautrée devant moi. À perte de vue. Des kilomètres de solitude me guettent. Dunes. Hélène.

Horizon flou. Je confie mon désespoir aux crabes. Aux crevettes. À quelques mouettes pressées. Je marche. Chaussettes d'algues. Un rocher. Je m'assois. Je suis Chateaubriand. Mes cheveux cinglent mes joues. Mèches et révolte. Grand cliché. Romantisme-à-papa. Lagarde et Michard. Hélène.

C'est donc ça la souffrance. Un cliché de manuel. Rien de plus facile que le grandiose. Alliance du poncif et de l'immensité. Des jardins d'Éden peuplés de petits jardiniers. Pomme du péché ? Peuplée de vers anonymes. Mesquins. Petits vers. Béats. Grignotent. Sans cesse grignotent. Ce n'est pas la souffrance qui rend malheureux, mais sa banalité.

11

J'ai toujours les clefs de son appartement. Hé. Je monte chez elle. J'ouvre la porte. Elle est là. Je l'entends sous la douche. Je m'allonge sur son matelas. J'ai préparé un petit discours. Nous allons tout réparer. Elle est nue sous sa douche. La porte de la salle de bain est fermée, mais j'imagine son corps, ses courbes.

Je ne peux contenir mon sang. Débraguettage. C'est parti. C'était plus fort que moi. Hélène. Les bruits de l'eau cessent. Douche terminée. Quelle sera sa réaction si elle me surprend, là, vautré sur sa couche, en plein onanisme ? Je pourrais crier, lui dire que je suis là, trouver n'importe quoi, un prétexte, pour qu'elle reste un instant encore dans la salle de bain... Mais la surprise ou la frayeur ne la feraient rappliquer que plus tôt. Cesser l'acte ? Impossible. Là où précisément je suis rendu, la chair l'emporte sur la raison. Mon corps dit à ma tête d'aller se faire foutre. J'entends des froufroutements de l'autre côté de la porte. Comme si Hélène s'essuyait la tête avec une serviette de bain. Bruissement sourd. Étouffé. Pour mieux entendre, j'ai cessé de respirer. J'étouffe mes râles en me mordant les lèvres jusqu'au sang. Afin d'éviter le frottement parasite de mon sexe avec le tissu du drap, j'expose mon sexe à l'air libre. Continuant ma traversée en solitaire, je tends l'oreille vers le large à l'écoute de ma petite sirène. Brusquement j'ai oublié les odeurs de poisson mort qui enveloppent mon bateau ivre. Dressé vers Éole, à deux doigts du ciel, mon mât culmine. Je file à cent nœuds vers l'extase. Mais soudain des chants s'élèvent, de ceux qui envoûtent les loups de mer : de derrière la porte de la salle de bain s'évadent des halètements, des soupirs. Je crois discerner là les émanations vocales du plaisir. Hélène se branlerait-elle, là, ce moment, devant sa glace ou sur le siège des toilettes, *en même temps que moi* ? Je n'ose d'abord l'envisager et pourtant... Les petits cris inégaux qui fusent jusqu'à mon navire en pleine vibration ne trompent pas. Chant de la sirène. Elle jouit doucement. Je ne navigue plus seul. Houleuse, la mer menace : ma coque ne tiendra plus très longtemps. Le naufrage est proche. Mais l'île si belle où je vais m'échouer ! Tenir. Tenir encore. Tenir tenir tenir. Faire face à la tempête qui me déchire les veines. En concurrent loyal, j'attends ma matelote. Moi le Crusoé du plaisir je veux m'échouer à deux, rencontrer Hélène-Vendredi sur mon île au trésor. Tonnerre. Éclate. Infinis échos. Éros largue les amarres. Esquif. Ma coque éclate en mille morceaux, je voltige. Je retombe. Je coule. Je me noie, des étoiles de mer plein les yeux, des algues plein la bouche.

Un grand brun type sort de la salle de bain.

12

Il a voulu me casser la gueule. Il a dit des choses méchantes. Il a dit pauvre type. Il a dit Hélène ne t'aime plus. Il a dit Hélène ne t'a jamais aimé. Il a dit barre-toi d'ici vite fait. Il a dit Hélène n'aime ni les *loosers* ni les chauves. Il a dû me confondre avec Olivier Betterave.

13

Tu t'appelles donc Nestor. Né par hasard. Tu as parlé de ton enfance : un pavillon, des gants bleus et un roquet. Il aboie derrière la haie. Battu dressé, à mort, par tes parents ses maîtres. Père Semoir : éjaculateur précoce et informaticien. Le si lisse crâne, gras cheveux, deux trois, pas plus, sur les rebords, en couronne. Une laideur d'homme, taille française, le mètre soixante-douze standard et mesquin. Père Semoir alias Papa Standard. Père Semoir père de Nestor. Le dimanche, fils et père, n'oublions pas maman. Digne mère et chauds plats. La cuisine à fleurs est un petit paradis.

Coq-en-pâte-Nestor. Le soir il posait son cartable en revenant de l'école, dans les odeurs d'oignon. Asperges, poireaux. Nestor Gant Bleu. Le cartable noir. La trousse sans fioritures avec nom *(Nestor)*. Souligné, droit.

La jeunesse de Nestor. Il y eut des instants de bonheur. Des fleurs senties, violettes. Des grandes vacances 82, du Londres et des cartes postales à Hélène. Les colonies jolies de la chanson mongolienne. Il a le disque. Et des Michel Polnareff. Des amourettes jamais franchies. C'était le temps des bouclettes. Frisé Nestor. Crépu presque. Un mulâtre, eût-on dit.

Aujourd'hui Nestor perd ses premiers cheveux. Père Semoir rigole bien, ils seraient deux. Y a pas de raison. Il se souvient, Père Semoir, de la nuit où sa femme voulut se faire prendre dans la perspective de Nestor. Dis, chéri, si on le faisait, notre petit chauve ? Oh oui fais-moi un chauve ! Ne pouvaient faire autrement. Génétique (lois de la). Dures lois de la jungle et du hasard : là, les chevelus Tarzans bronzés, les mèches à nénettes et les crânes bouclés, si blonds derrière les vagues : surf. Ici, les lisses betteraves, imbéciles et frêles, à poil de la tête, le chef en cul, deux épis cons qui restent, pour le burlesque. Le rire assassin des femmes que Nestor n'aurait pas. Ha ha. Tu le veux ton chauve, hein ma garce, dis tu le veux, tiens le voilà, t'aimes ça dis hein, t'aimes ça, tiens pute, et tout le reste des choses, ô salope jusqu'au bout de la nuit, milliards de spermatozoïdes, des chauves microscopiques qui fusèrent des couilles (à trois tifs elles aussi) vers le vagin (un peu mieux pourvu). Boules de billard. Boules à zéro. Des poils sur le derche, et encore. Parmi les multitudes qui skient vers l'ovule, slaloment, véhiculant l'information génétique, aucun cheveu, aucune chance de crinière, rien. Du néant qui dérape, du lobe astiqué, des coups de soleil sous la casquette, des toupets et des implants, mais pas le moindre gène-à-tif, pas la moindre cellule en bataille, emmêlée, sale, trop longue, pas de tignasse, l'horreur. De la porcelaine et de la cire. Des reflets. Des plis. Des trous. Mais pas de cheveux. Pas un cheveu de programmé pour la durée de la vie par Mère Nature. Skins chromosomes salauds. Il faudrait s'agenouiller.

Se rendre à l'évidence, Nestor. Reprendre l'ignoble flambeau. Continuer la lignée alopécique dans la galerie des monstres à tête nue. Strip-tease. Blason frileux. Oui vas-y, chauve chauve, mon chauve, chauve Marcel, fais ton chauve mon chauve, donne-moi du chauve, chauve-moi, je pondrai ton chauve, notre chauve, amour : Nestor. Chauve chauvez chauvons. Ratée foutue vie, à cause du truc. Calvite Nestor mec.

Le soir devant la glace, enfermé à double tour dans la salle de bain, au milieu de sa putréfaction d'étrons, il se vérifie le crâne à en crever. Ingénieux petit système : un jeu de miroirs qui disent la vérité. Bon en optique, du coup *(i = r)*. Descartes sur table. Il voit le fameux trou. Un désert de peau, beige, avec un cactus planté çà et là, rien, autant dire. Par son système de glaces il peut étudier les zones difficiles sans trop se tordre le cou. Il essaie de se rassurer : c'est pas ça. Là où il croyait à l'illusoire *statu quo* , il comprend que la partie est perdue. Alors il triche. Mélange les rares touffes afin de combler les nouveaux vides. Gangrène : le ridicule gagne du terrain. Podzol bouffe la terre en friche. Il se frotte la tête, énergiquement. Joue du peigne un peu. Le lavabo s'emplit, mort de rire. Les yeux rougis de Nestor. Son crâne blanc. Ils gisent là par centaines, serpents menus, décédés dans les rues, au bureau, dans le métro, aux cabinets, dans l'ascenseur, entre ce matin et ce soir, entre tout à l'heure et maintenant. Entre ici et ici. Faire le point, sans panique. En perdre c'est normal. C'est le contraire qui ne l'est pas. Ils l'ont dit aux infos l'autre jour. J'ai tout bien écouté. Et mon cœur battait. Mais là ça fait beaucoup. Dix fois le régime autorisé. Au moins. Un génocide. À croire qu'ils se sont tous suicidés aujourd'hui. Donné le mot. Kamikazes. Ils ne m'aiment plus. C'est ça. Comme Hélène. Voilà qu'ils s'y mettent aussi. On les comprend remarque. Même moi je ne m'aime pas. Ils ne se plaisent pas sur moi. Mes cheveux s'ennuient. Préfèrent le saut contre l'émail, et puis les canalisations, toute la tuyauterie vers la Seine. Zouave et Alma. Nestor se penche. Il reconnaît parmi les morts quelques fidèles, quelques chouchous, cheveux-symboles, héros-feu de la Raie-sistance :

— Oh non, pas lui...

Ému il le recueille, doucement, entre ses mains nerveuses. Il lui parle. En tête-à-tête. Cherche à comprendre. Comment en es-tu arrivé là, toi ? Pourquoi m'as-tu quitté à ton tour ? Je te nourrissais mal ? Je ne faisais pas assez de sport ? Je ne faisais pas assez l'amour ? Je regardais trop la télé ? Mais l'ami tif fait la sourde oreille. Il est mort et bien mort. C'est fini. Petit cadavre filiforme et graisseux, le teint pâle, cancer, maladie, quelque chose de terrible et de pas sain. Mort d'épuisement, d'ennui, de faim, qui sait. Il se sera battu. En vain. Suicide collectif, disions-nous ? On ne saura jamais. Une vague de suicides avait eu lieu déjà au bureau : un ban de cheveux sur les rapprochements comptables.

— Qu'est-ce que tu fais dans la salle de bain depuis deux heures ?

On avait frappé à la porte. Maman colère. Connasse. À cause d'elle d'elle d'elle. Elle ne voulait-pouvait comprendre. Insupportable. Je ne pouvais pas dire que c'était parce que. Je ne pouvais avouer que j'étais en pleines funérailles, en pyjama, là, comme aujourd'hui, cinq miroirs bien placés, scientifiquement installés, pour choper les angles et compter les morts. *Requiescat in pace*. En sanitaire. Soldats morts au combat. Morts pour l'enfance. Désespérés. Les salauds. Des déserteurs plutôt. Dans la main son cheveu. Il le regarde et lui parle encore, c'était son meilleur élément. Il lui en restait encore. D'accord. Mais pour combien de temps ? Un jour les gens avaient commencé à s'en apercevoir très sérieusement. Ils levaient les yeux en lui parlant. Un Allemand saoul, dans une taverne, s'était adressé à lui en l'appelant « Glatzkopf ». Nestor avait quitté le bar et s'était précipité sur son Harrap's, le Weis-Mattutat des années lycée, français-allemand allemand-français. Tourne, tourne les pages, l'air inquiet, et cherchant toujours à se rassurer : Glatzkopf Glatzkopf Glatzkopf, ça peut vouloir dire « gros bide » ou « sale con », « pauvre type » ou « gant bleu ». Mais oui mais « Kopf » ça veut dire « tête », c'est bien ça qui m'embête. Et puis « Glatz » ça sonne comme une patinoire, ça glisse, ça dérape et ça brille, ça fait de la luge. Ça luit. Lumignon-mot. Sonorité de reflets. J'aime pas ça. Ça voudrait dire qu'il a remarqué que. Ça voudrait dire que ça se voit. Pourtant mes amis me disent mais non. Ils m'appellent Nestor Parano. Non non t'as rien. Ah non je ne vois rien du tout. Peut-être un peu là et encore. En cherchant bien. Tu fais une fixation. C'est pas *sur* ta tête, c'est *dans* ta tête que ça se passe. C'est rien. Ça arrive à tout le monde. Regarde mon cousin, le stress, tout a repoussé. Bois du jus d'orange.

— Qu'est-ce que tu fais dans la salle de bain avec le dictionnaire d'allemand ?

La mère la mère, dégueulasse : elle n'en perdrait pas un, rien. Elle mourrait avec le même nombre. Autant de tifs à cinquante ans qu'à douze. Injustice devant le cheveu. Porter plainte. Porter un postiche. Dieu s'en fout : sa tignasse et sa barbe. Je ne parle pas du hippy Jésus. Ce sont des chauves qui l'ont crucifié. Bien fait. N'a eu que ce qu'il méritait. On ne pouvait plus supporter l'arrogance vol-au-vent de sa crinière, nous autres. Le déicide est un problème de pilosité avant tout. Tout est là. Les chevelus contre les glands. Les lisses ridics, ceux qui ne brillent qu'en faisant la révérence. Les collectionneurs de coups de soleil. Les goûteurs de pluie. Les enrhumés du cerveau. Ceux qui tournent les pages des dictionnaires dans la salle de bain double-tour, galerie des glaces galerie des Glatz, Versailles, capitale de la perruque.

14

Hélène. L'oublier (essayer de) : boîte de nuit. Minable. Je n'aurais pas dû venir. Mouroir à célibats dégingandés. Microsociété sournoise aux mœurs hermétiques et codées. Véritable écosystème où l'ego s'épanouit quand l'innocence s'étiole. L'adolescence s'y prostitue dans les frottements. Et les sourires muent vite en gymnastiques dans les voitures parquées.

Rien de gratuit dans cette caverne de larsens et de lasers, soleils tristes sur les kilos de miches et de culs gros, pomponnés, peints. Les positions sont travaillées, à tout prix les allures séduisent. On réinvente ici sans cesse les codes guerriers de mes amis les Comanches : là où deux traits parallèles signifient chez eux bravoure ou bonté, rimmel et rouge à lèvres signifient ici quête du sexe. Codes codés. Le rouge à lèvres est peinture. Font ravage, dans ses sous-sols à orgasmes escomptés, le vert à lèvres, le gris à lèvres, le noir à lèvres, le jaune à lèvres... J'imagine les parfums. Vert : pistache à érection rapide. Bleu : myrtille et sodomie. Jaune : banane option fellation. Insipides signes de touche-pipisme inéluctable, insatiable besoin de rouler des yeux et de cligner du cul, demeures infernales du séductophile, des branchés blasés, des timides en action, des inhibés téméraires et des hardis lassés. Souks insalubres où tout est possible, où tout arrive toujours pour peu qu'on entre dans la danse. Et suer encore pour sentir l'homme, et fumer forcément pour peser la gravité du moment. Fillettes seules vautrées sur des sofas, saphos en herbe et shit, ignobles dondons aux lolos arrondis, squelettiques rousses aux pommettes mouchetées, décapsuleurs boutonneux en short de cycliste, brunes immenses et romantiques, rusées blondasses, attendent leur heure, tentent leur chance. Mâles musclés en débardeurs et baskets, efféminés minets, dadets dandys, pédés pédants, machos hardos, intellos punks, malignes pétasses, théoriciens-et-ciennes du cul, académiciennes de l'éclat d'or cher à Rimbaud, businesswomen de l'onanisme à deux, groupies de la fesse, platoniciennes du zob, épicuriennes de la couille à gogo : ils secouent leurs envies dans l'eau d'aisselle et la bière chaude. Et jusqu'à l'aube peuplent cette forêt en feu. Ici, un plutôt-roux à lunettes déchire du regard les dessous dingues d'une frangine en transe. Là, un taupin sans rêve masturbe son avenir en chiant dans son froc. Les spécialistes ne ratent pas le demi-centimètre de sein gauche qui dépasse du pull trempé. Ni l'entrefesson pseudo-planqué. Habitude de l'exégète nageant des crawls dans ce bassin de cuisses et de vagins. Tous ces très laids déguisements, ces mises en scène bossées à mort, ces théories et nullissimes logorrhées tendues vers la giclette, virile giclette dans la matrice provisoire. Ça aguiche, ça guette, ça repère, ça entrevoit, ça subodore, ça envisage, ça hésite, ça s'entame, ça entame la conversation, et ça finit toujours par décrocher le gros lot. Ignoble bouffonnerie d'adultes en manque de ciel. Cathédrale de foutre, chapelle de stupre où l'on se tâte, se titille, se bécote. Vapeurs d'urine se promènent au hasard des tubes et des sambas sales. Infinis slows où se dévoile l'envie, aléthéïa du frisson. Il ou elle se trémousse, il ou elle se démène, et son corps flasque, et son corps blanc se convulse dans une grimace horrible qui le fait rebondir sur les décibels. Sur la piste mouillée, tout guette tout. On agrippe à la seconde. Les corps pendent aux corps, comme des jambons. Dans les couteaux de lumière, on choisit. On trie le bonheur à la foire-au-plaisir. Un rythme et des basses, le ciel se déchire, c'est chacun son cosmos. Ça manque de chats, de chiens, de poules. Henri lance ses bras dans la musique, envoie sa tête, la perd. Sophie la ramasse, hébétée, blanche, prête. De la bière leur sera servie sur les fauteuils prétextes. Une main frôlera un tissu, un regard prêtera des intentions, du tabac sera brûlé. J'ai une sœur, la fac est loin, c'est un livre génial. On laisse la parole défiler, gardant le discours pour les yeux. Il la voit grouillante de cuisses, les hanches pleines d'événements, la poitrine prémonitoire. Déjà, elle lui est célèbre. Union bien sûr ils formeront : déjà leurs dents se mordent. Leurs langues se lèchent. Tout à l'heure, ils se suceront le poil et se boufferont le mou.

Enfants ils fabriqueront : déjà leurs regards s'éloignent. Viendra le temps du talc et des balançoires, le prélude obligé de l'acné, la préhistoire des seringues. Bébé sera séropositif ou ne sera pas. Tôt ou tard. Pas la balançoire. Rouleront ses billes en porcelaine jusqu'à la pierre de la terre. Sous des soleils imminents, la tombe adolescente attend déjà ses fleurs de pavot. Clope au doigt derrière un blouson sans avenir, on viendra en jean pour y pleurer. La jeunesse attend l'âge, dans des aubes pleines de lunes où la nuit recommence.

On se rue dans la viande. On glane une cuisse. Un morceau de chose. Voilà qu'on retourne la nuit, dans tous ses sens, par la peau. Le sucé regarde bien la suceuse. Ça excite si mieux. Voltige de gland dans l'obscur bleu. Elle va-vient, demoiselle, le visage bavé de sauce, succulence et splendeur. La mort attendra donc. Du plaisir tête-à-tête, aujourd'hui-demain, comme ça jusqu'au monticule à croix plantée. Ici l'asperge, dadame, sculpte et façonne, comme au ciel dis-moi. Le sucé n'est plus qu'une absence électrique, aboli raide au milieu des étoiles : foutre.

— Éteins la lumière...

— J'éteins.

Des ombres se tiennent. Elles suivent le fil d'une épaule, la crête du coude. Enjambées nocturnes, tout glisse, s'immisce et reglisse, bleu marine. Le chien ronfle dans sa panière au pied du lit. Se retourne en grognant quand il cauchemarde. Le monticule et la croix, dans longtemps tout ça, prends donc, mais prends donc. À plisse-poitrine et chope-fion, tout doux dans les anges, on badine sacrément. Prolétaire ou vicomte, là tu y es, voilà. Regarde-toi, Nestor. Dans la mer du cul. Tu tangues ivre, vieux benêt. Tu n'as plus froid dans ton frisson. La main la main, la main-main qui secoue, mécanique à lait troueuse de nuages, encore encore avec des doigts. Tu veux des agréments. Des agressions plein la fesse. Et dehors, l'automne. Les gens cernés qui courent travailler. Tu les entends depuis ton lit. Tu les rejoindras de suite.

Noue ton nœud Nestor. Plus vite. Et les lacets de tes souliers ridicules. Souliers souliers souliers. Ton sang qui sent fort, qui pue l'homme qui jute, tu enfiles ton pardessus. L'autre est là au lit encore, la femme. Ça fait sécher le sperme entre deux seins. Ça bronze. Collier de fleur de décames.

15

Nestor baisouille pour oublier la tristesse de ses jours. Jours pour rien. Jours pour personne. Vie nulle vers nulle part. Vers Hélène qui ne veut pas. Il pleut sur la rue. Les gens vont, se croisent et se cognent. Il y a de toutes les gueules. De tous les styles foireux. La nature a disjoncté. Bâclage. Nestor baisouille parce qu'il fait froid dans sa vivotée-vie. À Hélène, cette nuit, il aurait fait l'amour. Collines de fleurs, paradis et jonquilles. Bulles bleues. Mais non. Il a tiré crampette dans une sale moche. Une grasse à duvet bête. Il marche. Il a raté son passé. Il a raté son avenir. Quelques souvenirs qu'il mâche. Le monticule et la croix.

Il n'est voué qu'à cette poussière imbécile et muette. Le silence le guette et l'attend. Ça reviendra au même. Tout reviendra au même. Au même que ses souliers marcheurs et têtus. Les pas mécaniques qui vont vers, vont vers, vont vers, encore et encore, jusqu'au monticule à croix nue. Une jambe gauche précède une jambe droite, puis l'inverse : c'est l'humain foutreux qui marche, la gonade libérée du matin, tranquille et con, borné sur son chemin à gueule d'allée de cimetière.

Pardessus gris anthracite. Et costume gris anthracite. Aussi. C'était bien la peine. Tralala pour la cravate, du clownesque et du rock : y a des pois rouges. Les petits jours. Des matins et des nuits. Une rigolade le samedi. À l'apéritif si amitiés. Va vers, Ducon, va vers. Il s'installera à son bureau tout à l'heure et elle ne le verra pas. Elle ne dira pas bonjour. Il n'existera pas. Elle rira aux blagues de. Pas aux siennes. Jamais. Ne les entend pas.

Plus d'oreille. Sa voix les lui ferme. Automatiquement. Un sas qui filtre. Il lui posera une question. Elle aura déjà disparu.

Le monticule et la croix. Ta fange à mousses, nullard. Ton vécu fumé. Il y a eu dans ta vie des 16 avril et des fins d'octobre, les feuilles orange, la pluie les toits. L'été tu suais. Pétanque et tilleuls. Aujourd'hui dans un cul, cul de la terre, cul terreux tout à fait. Nous mourrons Hélène. Toi, moi, un jour. Sous les orties. Le monticule et la croix. Nous avions existé. Nous nous étions rencontrés. Nous avions fait l'amour. Tu avais (souviens-toi) embrassé Nestor. Belle, à démarche, ciel chemisette gonflée pour le dru des hommes. Tu mourras aussi. Peu après moi, d'un cancer. Chauve et laide et sans amant, dans un lit-lit qui sentira les roses et le thym. Ma tombe et la tienne : nous n'aurons plus rien à voir, nous serons hors sujet l'un à l'autre. Pour toujours. Et elle et lui s'en moqueront, ils ont sept ans aujourd'hui, en auront quarante-neuf pendant notre mort, nous auront connus mais s'en moqueront : partiront en vacances, sud et bouées sur la galerie. Pour que les gosses rient dans l'eau. Ils plongeront. Méditerranée sans tombes, joie-joie se fout des allongés for ever. Le monticule et la croix.

16

Son nouveau mec son nouveau mec son nouveau mec son nouveau mec son nouveau mec. Antuñes Antuñes Antuñes Antuñes Antuñes Antuñes.

Elle : l'allure très jazz, une combinaison de mouvements neufs improvisés dans l'espace, une gestuelle musicale frappée d'ondes syncopées, des pinceaux dans les airs. Veste de jean et pantalon crème. Lui : bloc massif aux poings lourds, poilu du cou, le nez en courge greffé sur la trogne, des valises d'un mauve borgne, en cul, sous l'œil. Patibulaire et déambulant, gras mec, pataugeant dans sa pantomime d'ours courbatu, bafouillant des mains, bégayant des bras. Lui, ses amas de gestes qui déboulent pour étouffer petite Hélène, sa grosse gueule rabâcheuse agitant une tête, la clouant dans un mot brutal pour ponctuer ses solos.

Je vois la brute se vautrer dans l'infini d'Hélène, son bellissime infini moléculaire, fiable, superbe, avec d'amples ondulations lumineuses, des soleils blanc glacier, de grands sépales en touffes cools dégradés jusqu'au blême. Les mains du butor barbotent dans l'eau de piscine bleue. Paluches hirsutes, balourdes, griffes sur la soie. Infime écorce rose humide, que l'obscène fait saigner. Salaud chatouilleur de ciel, les moignons dans la poix. Quadrumane sur son gratte-ciel, King Kong brassant les lucioles sur fond d'azur. J'envie à mourir le gorille inrasable. D'être si près de la piscine, de prendre la température de l'eau, de laisser des rebonds sur le plongeoir vibrant. Belle Hélène blottie dans une blancheur assoupie, ses courbes fraîches moulées dans les lueurs. Je voudrais goûter la peauésie de cette eau de femme en mimiques lippues, bien nette sous son glacis lisse.

17

Hélène descend de l'avion. Le ciel la regarde et Antuñes la suit. Des Rolls freinent pour l'emmener. Des paniques montent et les hidalgos se sentent patauds-maladroits. Ici elle allongera ses jambes, sur la pierre d'ici son sein mou s'écrasera. Elle a déjà oublié les Tours Eiffel et la privatisation. L'Assemblée est lointaine, et les sortes de fromage. Le visage recouvert de siècles, Hélène s'imprègne. C'est elle qui charrie les époques, posant ses sacs pleins de Robespierre, de Clovis et de Jaurès. Et les carillons bourdonnent, et les moribonds se retournent dans leur lierre de mousse bleu. La France arrive, abandonnée dans cette Hélène enfuie.

Labouré de fatigue, bellâtre-Antuñes pourrit d'orgueil

aux côtés des lèvres et hanches de mon amoureuse moléculaire. Une grande fête à ses bras, il avance en souriant toujours, fier et voleur, content de son soleil. Ma tête est sous la pluie de Paris, la sienne tient dans les rêves d'Hélène, nous ne sommes pas du même monde, et c'est le même monde, moi Comanche et lui smicard, que nous adorons.

Les hôtels se préparent. Lequel choisira-t-elle ? L'Avenida Palace, le Duc de Bergara, le Majestic ? Les dés dorés se cognent sur les tapis rouges qu'on déroule. On se perd en préparatifs et en conjectures. On prie dans les cuisines et les ascenseurs. Les suites s'emplissent d'un suspens plein de luxe et de chaleur, c'est le printemps, c'est l'été, c'est ce qu'elle veut pourvu qu'elle vienne.

Les poils du torse du singe dégoulinent de sueur. Les valises pèsent quand trotte Hélène. La fatigue est blanche, le muscle est blanc, l'œil se creuse, Antuñes titube dans l'herbe et les avenues. Cierges, larmes, prières, génuflexions, Bibles, jeûnes et suicides : la Reine traverse, tout doit s'incliner. Les embouteillages se font fluides et les averses arides. La nuit patiente.

Gouttes glacées de Paris sur la laine de mon pull qui gratte. Collier de perles autour du cou baisé d'Hélène par Pas-moi. Ils sont entrés dans cette chambre que personne ne connaissait.

Un sein se libère, un bouquet de doigts fous s'y offre. Sa chair est sortie et y goûte. C'est du sucre et c'est de l'eau, c'est de la pommade et c'est du lait. Hélène a jeté sa figure sur les draps. Elle est ébouriffée, elle est sauvage, elle est boléro. En manches de chemise, Antuñes rafistole un morceau de valise amoché. Il râle, elle est magnifique. S'énerve, elle s'étire. Jure, elle s'endort. Il regarde Hélène comme une vocation incertaine, un vague avenir épuisé par le présent des plaisirs.

Sous l'alcôve ils sont deux corps aux afflux qui se courbent, exténués dans leur sueur analogue. Ils s'embrassent avec spécialité, elle est mordue, aimée, folle. Antuñes glisse sur la bouche d'Hélène qui se tend comme un nerf universel. Les voici semblables au monde, solitaires et nombreux, inouïs et vains. Dans les ovales et les cheveux, ils s'étonnent le corps jusqu'au matin des corridas.

Et tout devient espagnol dans leurs gestes rouges. Ils sont Grenade, Castille, Aragon, littoral et castagnette. La paume du mec écrase les cris de la superbe. Hélène crache des soupirs, dévisse la tête, gorgone multipliée par la vitesse. Ivre d'excès, démangée, elle cogne sa bouche à celle du matador et le taureau galope, excessif et uniforme, dans la masse de ses hanches qui reviennent.

Au collège du crépuscule, deux âmes se mangent, incisives et triangulaires, et la nuit attend, attend un peu, que je meurs, attend qu'Hélène termine ses enfants, et fasse renaître le souvenir des ogives de Barcelone.

18

C'est un nu en dentelles de Picasso, un bouquet de flèches tordues par la vitesse des couleurs. Barcelone est née sous un pinceau. Le muscle de sa pierre travaille la toile tendue aux cieux des tours et des ogives. Et le soleil y mange la ville en août, qui croque Hélène, la peint de mille macules étoilées sur le buste et les avant-bras.

Barcelone n'appartient pas à l'Espagne, mais aux enfants. Elle n'est pas capitale de la Catalogne, mais le Royaume de tous ceux qui ont refusé de grandir. Barcelone est à l'Immaturité ce que Rome est à la Sainteté. C'est Jouvence à chaque fontaine, le Moyen Âge de l'âge d'homme. La première fois que je franchis son portail de nuages, j'avais sept ans. C'était en 1975. Le Caudillo venait de déposer les armes au fronton du Purgatoire des suppliciés. À défaut de cœur, il avait rendu l'âme. Dans la rue, partout, on voyait les enfants jouer au ballon avec, ou la lancer à des chiens maigres qui aboyaient.

C'est depuis ce premier séjour que j'ai toujours sept

ans. Dix-huit années ont passé et si je suis resté cet enfant-Roi, c'est parce que, comme tous les marmots qui ont battu son pavé de leurs Kickers montantes, mon sacre eut lieu là-bas, à Barcelone. Je rejoignais ainsi les couronnés célèbres de mon univers : le Petit Prince, Babar, Richard Cœur-de-Lion, et le Roi des Aulnes, dont le murmure noir, déjà, terrorisait mes ours sous la couette. Comme tous les petits, je vivais pour ma ville. Tour à tour lieutenant immortel nanti de pouvoirs spéciaux se battant contre les Chrétiens au côté des Musulmans et des Peluches, général romain à la tête d'une armée de Playmobils installé dans un temple du Montjuïc, ou allié de Charlemagne contre Dark Vador et Franco pour libérer la ville, je liai mon destin à celui de la Cité des rêves.

À Barcelone, ce ne sont pas les enfants qui se perdent, mais les parents. Les miens se perdirent, en larmes, au marché de Boqueria, tout en bas des Ramblas où je m'achetais tranquillement des glaces et des porte-clefs à têtes de monstres. Je les récupérai le soir à la Casa Milà, dans la salle des parents perdus, conçue spécialement par Gaudi à cet effet.

À Barcelone, la nuit ne tombe pas. Il faut attendre que Miró finisse de la peindre, avec ses étoiles jaunes pointues, ses ronds rouges et ses serpentins blancs. Tous les soirs, c'est une lune inédite, un crépuscule neuf, une voie lactée pleine de jouets. Barcelone est le seul endroit au monde où les enfants n'ont pas peur dans le noir.

— Viens, viens vite !

La voix me tira par le bras. Elle sentait le varech et l'algue mouillée. Et m'entraîna en riant jusqu'aux Drassanes, là où les voilures claquent au vent des partances impossibles. Anges aux ailes enchevêtrées au gréement de leur navire, les marins sur les échelles de corde escaladaient le ciel pour décrocher la lune.

— Nous partirons à minuit, me dit la voix, ne sois pas en retard.

Sur la grève, en repartant, j'aperçus Cobi, la mascotte

des Jeux Olympiques, avec son ventre rond et rebondi : depuis 1975, les chiens du monde, nourris des âmes des derniers dictateurs, avaient embelli au point de porter la flamme des peuples au frontispice des terres de Macia.

Je remonte, ivre de départ et d'enfance, le Moll de Fusta en titubant. Cafés. *L'America*.

Les enfants de Nestor et Hélène sauraient un jour baptiser ce miracle. Et, perchés sur les épaules de Christophe Colomb au sommet du monument qui domine le port, ils tremperaient le pinceau de Miró dans la mer pour repeindre le ciel des Grands d'Espagne aux couleurs de Barcelone.

Je me hasardai doucement dans le Barri Gotic, pieuvre immémoriale aux tentacules de dédales qui crache son encre en jets d'ombres au détour des ruelles. La cathédrale y reposait comme un rocher de dentelle gigantesque, guipure où les mains de Dieu sculptèrent à même la pierre la grimace muette des Martyrs de Barca.

Les enfants aiment les manèges. Téléphériques, grandes roues, montagnes russes : Barcelone est le Lunapark de la mémoire. Je pris le funiculaire qui s'envole pour le Tibidabo. Là-haut, piquant le pongé des nuages, les aiguilles des nefs formaient une couronne d'épine : c'était le Christ qui m'ouvrait les bras.

Je surplombai la ville et son passé. Les ruines, en fantôme, se dessinaient dans les brumes de l'altitude : esprits lancinants de l'anarchisme et de l'irrédentisme parodiés, spectres écharpés des émules de la Révolution, la tête roulante de Franco sera votre boulet pour la durée des ténèbres. Les fourmis rouges payèrent ici de leur vie le bleu de leur ciel sali. Les pinceaux avaient trempé dans le sang.

Je me projetai à moi-même tous les films que j'aurais aimé tourner à Barcelone. Tu serais mon actrice fétiche, Hélène, mon Anna Karina.

La jeunesse est éternelle et le temps n'existe pas : il fond au soleil de Barcelone comme les pendules molles qui poussent dans les déserts de Figueras, plus au nord en longeant la côte à travers les champs d'oliviers. Je décidai donc qu'il était minuit. Je redescendis à toute allure vers le port.

— Tu es drôlement en avance, me susurra la voix.

— Les enfants ne se font jamais attendre, répondis-je, essoufflé par ma course à travers la ville.

— C'est vrai... Mais viens plutôt, je vais te présenter au Commandant de bord.

Passé l'entrepont, sur le bastingage, des matelots tendaient leurs filets en ailes de chauve-souris en mâchant du kif. Un mousse jouait de l'ocarina au rythme du fouet des lames sur la coque. Le croissant de la lune trempait dans le lait des vagues. Elle était dans l'eau. Des hommes au muscle orange iraient la repêcher à minuit, fendant la houle et le ressac jusqu'aux lisières du Pacifique, où la statue de Colomb trempait son doigt pointé.

— Alors, moussaillon, on est prêt pour le grand départ ?

— Affirmatif, mon capitaine ! Mais je suis lieutenant...

Il éclata d'un drôle de rire gras. Et puis :

— Eh bien, ne ratez pas l'embarquement, mon lieutenant... Nous manquons d'officiers à bord !

Et son rire le reprit de plus belle.

Attablé dans un restaurant de la Barceloneta, seul face à la nuit des flots, je tissais des plans sur les comètes qui pleuvaient. Effrayés par cette giboulée d'étoiles luminescentes, les touristes, dans la panique, abandonnèrent leurs enfants. Garnements conquistadors bandant leurs arcs-en-ciel aux remparts de la citadelle de l'imaginaire qui cribleraient bientôt de flèches d'eau les géniteurs repentis.

Et sur le linteau de notre forteresse, nous graverons notre âge en sept bâtons d'or parallèles. Chevaliers de l'innocence et du jeu nous y peindrons des licornes et la tête à Toto. Mais au son de quels angélus les voyous du Besos y tagueraient les moustaches de Dalí ?

— Cette fois-ci, nous embarquons...

La voix se brisa en écume sur mon tympan, sonore comme un galop du jusant sur les plaines de l'horizon.

— La lune va se noyer, il faut arriver à temps... continua la voix.

Déjà la mer s'abandonnait à ses ancêtres d'algues et de limon, les Phocéens bâtisseurs du dernier bastion de nos sept ans. République des chimères à perpétuité, des felouques aux filets soulevant la lune de l'eau noire.

— J'espère que tu n'as pas le mal de mer, me dit la voix.

— Non, Hélène, répondis-je en crachant dans le ciel, je te le jure...

La traversée fut pleine de sel et de vent. Toutes les Amériques nous ouvrirent leurs bras brumeux et nous avancions. Les pâles luminescences du soleil boréal firent pleurer Hélène sur les rivages de l'Océan glacial arctique.

— Nous sommes rendus sur le littoral de la mer hyperboréenne, avait averti le capitaine en brandissant une bouteille de rhum.

Puis, il me regarda droit dans les yeux :

— Les voyages forment la jeunesse !

La lune était encore loin. Elle doit être en train de se remplir d'eau, me répétai-je, et cette pensée me hantait. Avec tous ces cratères, l'eau devait pénétrer rapidement.

Par 68° 70' de latitude nord et 137° 40' de longitude ouest, nous aperçûmes avec Hélène un minuscule îlot craquelé où poussaient des arbres à pain.

— Ça me donne faim, dit-elle, car les filles ont toujours faim, tu n'as pas faim, toi ?

— Un lieutenant des troupes coloniales sait attendre l'heure des repas, lui répondis-je en faisant claquer les mots sur ma langue.

Les reflets d'Hélène se déchiraient dans le déroulement brouillé des flots.

Pendant ce temps, des corps mimaient des flammes dans le quartier gitan du Mont Carmel : on dansait le flamenco.

Sixième partie

ENCORE UN MOIS, ENCORE UN AN
(JOURNAL D'HÉLÈNE)

1

[Hélène a 24 ans]

Barcelone, 13 mars.

Commencer à écrire. Re-commencer, plutôt : je tenais autrefois un petit journal. Un journal intime, comme on dit. C'était pendant mes vacances, à Carnac. J'avais huit ans. Que j'aimerais retrouver ces petits cahiers à spirale à qui, chaque soir, je me livrais !

Les années ont passé... Barcelone, aujourd'hui... Oui, Barcelone, avec celui qui deviendra peut-être l'homme de ma vie : je crois que je t'aime, Antuñes. Me garderas-tu ? Lequel de nous deux se lassera-t-il de l'autre en premier ? Toujours ce vieux défaut : l'impatience. Oh ! ce que je donnerais cher pour être dans trois ans, dans huit ans, oui, je voudrais voir ce que je serai, qui je serai, avec qui, et où. Et puis non : la jeunesse... Ne pas vieillir... Passer sa vie à essayer de vieillir le moins possible.

Je relis ce que je viens d'écrire. Ce n'est pas du Proust. Je ne suis pas faite pour ça, pour l'écriture. Pour quoi suis-je donc faite ? Toujours la même angoisse, sourde, sans fin : cette peur que ma vie ne serve à rien. Heureusement, il y a l'amour, il y a Antuñes.

Cette nuit, toute la nuit, nous ferons l'amour.

14 mars.

Cette nuit, toute la nuit, nous avons fait l'amour.

15 mars.

Reçu un télégramme. « HÉLÈNE. JE T'AIME. REVIENS. » C'est signé « N ». Je l'ai déchiré mécaniquement, sans rien dire. Nos erreurs nous rattrapent-elles toujours ?

Ce soir, le temps se rafraîchit. La lune est dans l'eau. Avec Antuñes, nous faisons la fête. Il me calme, il m'apaise. Je suis si bien avec lui. Peut-être même amoureuse. On verra bien. Surtout : ne pas forcer ses propres sentiments. Jamais. Ne pas tricher. Ne jamais jamais jamais tricher.

2

[Hélène a 25 ans]

26 février.

Départ pour New York. Avec Bernard-Henri. Pour présenter les nouvelles collections.

12 mars. New York.

Un peu de temps, enfin, dans ma chambre d'hôtel, pour confier mes impressions à ce journal.

Arrivée entre deux tempêtes de neige, par un froid sibérien. Je n'ai jamais su convertir les degrés Fahrenheit : je ne pourrai donc épater personne, en rentrant, en précisant la température. J'enrage. Mais il faisait froid.

Mes a priori vis-à-vis de la ville et des États-Unis en général ont, eux, fondu comme neige au soleil.

New York est éblouissante, écrasante, dynamique, stressante, riche et misérable, belle et clinquante, propre en privé, sale en public, souriante et dure, gaie et artificielle.

Elle est contradiction.

J'adore.

En vitrine : les buildings de métal et de verre, les énormes librairies, les patinoires en plein air du centre ville, les sourires (de commande, mais ça fait du bien quand même), la diversité et le nombre des activités offertes, l'accueil (qu'est-ce que ça aide, d'être française...), l'atmosphère survoltée et motivante, l'efficacité... omniprésente, le Metropolitan museum et ses collections.

Collections dont je n'ai vu qu'une petite partie : Moyen Âge (superbe statuaire), arts décoratifs, antiquité égyptienne (les Américains ont carrément démonté un mastaba pour l'exposer dans leur musée... gonflé quand même. Ne parlons pas des six ou sept cloîtres français des XI-XIIe siècles ayant subi un sort identique), peuples d'Afrique et d'Océanie (le musée parisien des Arts africains supporte mal la comparaison).

En arrière-cour : la crasse du métro, les mendiants séropositifs, les constants rappels des lois et règlements (et ça se proclame pays des libertés...), le mauvais goût de 60 % de l'architecture (mmhh ! les fausses dorures), leur immense complexe vis-à-vis de l'extension de l'obésité, leur désir absolu de gagner, les taxis qui se croient sur des pistes de karting, la violence des émissions télévisées, leur manque de finesse en général.

Ne parlons pas du passage à la douane : un véritable parcours du combattant. D'abord, remplir un questionnaire, c'est-à-dire répondre à des débilités du genre : « Avez-vous été nazi durant la Deuxième Guerre mondiale ? », « Venez-vous aux USA avec l'intention de vous livrer à des actions terroristes ? » J'ai évidemment coché la case « oui » dans tous les cas.

Figure-toi, cher journal, que je me suis fait fouiller...

Oui moi, avec ma tête de petite fille innocente. Ça ne m'était jamais arrivé. Ils sont complètement paranos.

Mais alors, voir ce gros plonger ses doigts boudinés dans mes affaires... Je lui aurais arraché les yeux.

Mes meilleurs moments :

— Un soir, dans une boîte de jazz, à écouter une fille en robe pailletée expirer sur des airs de Miles Davis, et admirer le barman noir jongler avec ses bouteilles. À tout oublier dans la fumée des cigarettes et... perdu ! pas les vapeurs d'alcool, mais les sifflets et les applaudissements de l'auditoire enthousiasmé.

— Un matin, à Central Park, sur la neige et sous le soleil, avec Bernard-Henri, au milieu des écureuils, des canards et des oies sauvages, éblouie par les scintillements de la glace, les arabesques des patineurs, et ce bout de campagne gelée sur fond de gratte-ciel.

Et puis il y a ces mystérieux coups de téléphone, en pleine nuit, qui rendent Bernard-Henri si nerveux, si suspicieux.

J'ai beau lui répéter mille fois par jour : seuls mes parents et une amie connaissent mon numéro ici. Rien à faire : il se méfie.

[...]

3

[Hélène a 26 ans]

15 mars.

André qui m'avait promis le « soleil de Provence, les pinèdes et le lit chaud qui sent la lavande » a tenu parole. En rentrant ce soir de son travail, il lance son attaché-case sur le lit en disant « ce soir chérie, ce soir ». Sourires. Je sais qu'il sait ce qu'il veut dire. Ça fait si longtemps qu'on en parle, on se comprend. Moi, travaillant à mon visage dans la glace de ma coiffeuse, je comprends donc et je me lève et je lui saute dans les bras et j'empoudre son visage de mari gâteau.

Dans mes bras, André sentait le roman, je lui dessinai des moustaches de Viking avec mon fard laissé autour de sa bouche. Je lui dis merci et oh oui merci et merci de ne pas avoir oublié que tu m'avais promis, et que c'est si beau la Provence avec toi, j'en suis sûre, c'est plein de couleurs et tu es là, alors c'est la Provence comme en voyage de noces, voilà comme je suis contente.

16 mars.

On s'est arrêtés près de Cogolin.

Hôtel des Cigales sur le bord de l'autoroute. André l'a choisi parce qu'il avait trois étoiles sur le guide et malgré les départementales qu'il nous faisait faire. J'aime sa grande masse sombre qui se découpe sur le ciel violet, violet parce qu'alors la nuit tombait.
C'est curieux, la couleur du ciel.

André m'appelle mon soleil.

Dans la voiture, on s'est amusés. Comme il n'y a personne à nous croiser, à nous serrer de près, j'ai pu lui faire ce qu'il aime. La tête renversée, je voyais les pins passer très vite à travers la vitre, et d'autres fois, rien que du ciel bleu. Vers quatre heures, je lui ai refait ce qu'il aime, mieux. Quand il conduit, ça dure plus longtemps. C'est parce qu'il ne fait pas attention à moi, j'imagine, il ne s'emballe pas. J'avais ouvert ma chemise mais lui, il faut qu'il regarde bien la route. André...

À un moment, on a dû arrêter, parce qu'un type a voulu faire la course avec lui. Non, ce n'était pas ça exactement, mais ça a sacrément énervé André quand même. Le type nous suivait partout où on allait et je crois que ça a commencé à l'entrée de Draguignan. Il nous suivait de façon bizarre. André a cru qu'il voulait faire la course et il a accéléré. Alors, l'autre aussi a accéléré, de sorte qu'il nous collait toujours, que rien n'avait changé, sauf que les pins défilaient plus vite et que je commençais à avoir peur. Parfois, je me retournais, pour voir où il en était, et il était toujours derrière moi. Je veux dire derrière nous. Il avait une drôle de voiture rouge, avec le capot qui était orange, repeint, comme après un accident, une sale peinture très mate qui me mettait rien que des images d'accidents dans la tête. Je pensais à une photo d'un artiste allemand que j'avais vue dans un album chez des amis, le titre, c'était : « Femme défigurée par une explosion. » André ne comprenait plus, il me disait qu'avec un « coupe-racines » comme ça (par ça, il entendait toujours les petites bagnoles qui bouchonnent en ville, et la première fois que j'avais entendu ce mot chez lui, c'était quand il m'avait vue avec mon Austin, le lendemain de notre première soirée), une... je ne me rappelle plus très bien le nom de la voiture du type, eh bien, c'était tout bonnement impossible d'aller si vite, de rivaliser avec son Audi, que le type devait avoir trafiqué son moteur ou quoi. Une fois aussi, il a dit « mais c'est le diable », après une suite de tournants où il n'avait même pas réussi à lui gagner deux mètres.

Je n'arrivais pas à distinguer le type, il pleuvait trop. C'était juste qu'il ne bougeait absolument pas, il ne faisait aucun signe.

À un moment, au croisement entre la route vers Nice et une autre, il nous a abandonnés. André et moi on n'a pas compris. Mine de rien, ça m'avait excitée. C'est là que j'ai eu envie de lui faire ce qu'il aime.

Je finis d'écrire ça sur le lit.

André chante sous la douche, c'est très joli. Je crois qu'on est les seuls clients de l'hôtel.

Le monsieur de la réception est très gentil, on a mangé avec sa femme et ses deux filles (André l'a félicité pour la beauté d'Angélique, douze ans) dans la cuisine. « À la fortune du pot » a-t-il dit avec des gestes ronds et tout.

C'est exactement comme André m'avait dit : il fait beau dehors, le ciel est clair et par la fenêtre (on est au deuxième étage) on voit toute la campagne, blanche à force de soleil, avec des haies, des petits ruisseaux dans les collines. « Des rus, on appelle ça des rus ma chérie » m'a dit André.

On va se coucher, le lit est bien, demain on sera à Mons et on visitera une église. Je prendrai des photos des vitraux.

Dernière chose : en arrivant à l'hôtel, on est passés devant une belle propriété avec un petit bois privé au bord de la route, un long chemin, et puis tout au fond, une espèce de château, en plus petit. Ça m'a fait penser au Petit Trianon. André m'a dit qu'il m'achèterait ça un jour. Je me fichais un peu de ce qu'il disait mais je n'ai pas voulu lui dire que j'avais reconnu à toute vitesse, planquée dans un coin avec du feuillage la voiture rouge de tout à l'heure garée au milieu des arbres.

[...]

4

[Hélène a 28 ans]

Parme, 23 juillet.

Déçue par le prétendu charme de Parme. Je ne sais plus où j'en suis. Donner un sens à ma vie, mais lequel ?

Chaleur des rues. Édouard fait la sieste. J'écris ça à la terrasse d'un café, près d'une fontaine où rient des nains de pierre. Le soleil, partout. Le soleil qui écrase tout ce qui bouge. Parme... Je pense à la Chartreuse. Personne ici ne connaît la Chartreuse. La quoi ? La qui ? La Chartreuse, imbéciles ! Incultes ! Pour une fois que je connais quelque chose... Je pense aussi à la Tour. Au palais Contarini. Impression qu'un de ces nains de pierre me regarde. Comme si... Chasser cette pensée. Ne plus penser à lui. Il n'existe pas. Il n'existe plus. A-t-il jamais existé ?

24 juillet.

Engueulade avec Édouard, ce matin. Pour une histoire de rasoir, de salle de bain... Marre de tout ça. La trentaine, bientôt, et ma vie qui se fige. Dans l'habitude. Avec des hommes que j'ai l'impression de faire semblant d'aimer. La trentaine et les doutes de la trentaine. Les ridules qu'on surveille, le grand amour qu'on espère, et ne vient toujours pas. Le grand amour qu'on finit par *attendre*. C'est affreux.

1er août.

Hier, j'ai trouvé dans mon sac, après le restaurant (où Édouard n'a fait que parler de sa femme), une carte postale représentant la crue de la Seine à Paris, en 1910. On voit le Zouave de l'Alma qui a de l'eau jusqu'au cou. Impressionnant. Et derrière la carte, ces mots étranges, qui réveillent ma mémoire : « Avec le souvenir d'un ami. » C'est pas vrai... Ne rien dire à Édouard. Il ne comprendrait pas. Et puis il est tellement jaloux. Ça ferait encore tout un tas d'histoires.

2 août.

Deux heures. Ce café, toujours. Édouard et sa sieste. Hier soir, nous avons fait l'amour. J'ai su, en le voyant penché sur moi, pesant de tout son corps en sueur sur mon corps, que je ne l'aimerais jamais. Sa façon de souffler dans mon cou, sous les cheveux, au moment où il jouit tout seul. Ses coups de reins menton levé, ses soupirs grotesques et mécaniques. Ses mots chuchotés à mon oreille et qui n'excitent que son imagination. Et puis sa façon de se retirer, lasse et dégoûtée, un peu contente. Les hommes sont tous les mêmes. Je sais, ça fait un peu cliché de dire ça. Mais ma vie, je crois, n'est qu'un long cliché qui dure. Le scénario classique de la fille très belle qui cherche l'amour fou et qui ne récolte que des hommes qui l'aiment pour son corps. La fille qui s'essaye aux genres, aux âges... Qui cherche l'amour à travers *des* hommes. Déprime.

Soleil violent. Blancheur des rues. En face du Baptistère, des oiseaux qui tournent.

Quand je suis revenue des toilettes, le serveur m'a dit que quelqu'un avait réglé ma limonade. Il avait un accent français.

[...]

5

[Hélène a 30 ans]

Bombay, 17 juillet.

Emprunter une ruelle adjacente, sortir du rapide de la grand-rue de Bombay. Rentrer dans le cinéma aux affiches pleines de karatékas. Jean choisit un film au titre anglais : *Navy cut*. Je ne me souviens plus très bien du film. On s'est embrassé tout le temps. Pas beaucoup de monde et un « silence de chapelle », dit Jean. Il y en avait qui allongeaient les pieds sur le dossier devant eux en mangeant des sacs entiers de pop-corn. Les sacs vides par terre (jaune, avec un signe rouge en hindi et le dessin d'un arbre, je crois, partout par terre, on aurait dit un tapis sur le sol avec le même motif). Jean m'embrasse, appuie sa main sur mon ventre, très fort. Ça fait un peu mal, mais j'aime ce mal parce que ça ne fait pas seulement mal à moi, mais ça fait mal au fond du monde, dans l'ombre étouffante avec des images de cinéma devant mes yeux bleus.

18 juillet.

Le réalisateur de *Navy cut* s'appelle Linwand Sarrabatr. Je me souviens avoir vu une scène avec un athlète arabe. Il dansait une sorte de gigue hindoue sur la ligne d'arrivée au milieu de clameur et sous les protestations du speaker au micro. Il y avait une petite musique aussi, c'était bizarre. Une autre fois, deux types dansaient tout seuls dans leur appartement commun, sur de la pop de Delhi, avec de la lumière violette sur les murs.

Jean veut me faire de sales choses ce soir : il est mis dans cet état parce qu'on a laissé un mot pour moi à la réception de l'hôtel, sans signature : une main dessinée à l'encre bleue avec un soleil bleu aussi. Le réceptionniste a dit « mauvais œil... Kali, ... plaisir ». Je suis sûre que c'est fait par lui.

[...]

6

[Hélène a 33 ans]

Yakoua, 2 février.

Mouches. Partout. Mouches vertes, bleues. Un infini de mouches. Un ciel de mouches. L'horreur. Et cette eau verte, mauve par endroits. Les arbustes, jaunes. Manfred me montre un crocodile. J'en frissonne. De peur, mais de nouveauté, aussi. Un petit goût d'aventure dans la bouche. Ça me rappelle les couvertures des Bob Morane de mon frère, quand j'étais petite, à Montargis. Il paraît qu'ici, les crocos n'attaquent pas les hommes, qu'ils restent tranquilles. Ils mangent des poissons, à la place.

La rive. L'eau. Papyrus, roseaux. Fondrières. Pire que des sables mouvants. Quelques pirogues. Spectacle inhabituel. Étrange. Magnifique. Au loin, le bétail. Je le montre à Manfred, agacé lui aussi par les nuages de mouches — elles semblent apprécier la moquette que forme sa barbe d'une semaine : c'est d'ailleurs comme ça que moi aussi je l'aime, lorsqu'il a la barbe drue, brune et odorante. Là-bas, un bœuf, lourd, beige, énorme. Des troupeaux de vaches. Des taureaux. Ils n'ont pas l'air inquiets de notre présence. Fouettent les mouches de la queue, mécaniquement. Paisibles. L'air un peu bête. Peut-être qu'ils sont heureux après tout. Leurs cornes, incroyables. Il faudra que j'essaye de les dessiner. Manfred a pris des dizaines de photos. Dont plusieurs de moi avec mon chapeau de cuir et mes Ray Ban.

Mimosas. L'envie, aussi, que Manfred me fasse l'amour. Là, dans les mouches.

3 février.

Baleinière. Direction Yakoua. Soleil soleil soleil. Il est bientôt midi. Manfred mitraille comme un fou. Les bœufs traversent un bahr. Zoom de Manfred vers la rive qui s'éloigne. Je le vois soudain sourire, puis, hilare, il me tend l'appareil. Je regarde à travers le zoom. Au sommet d'un palmier-doum, une silhouette étire un drap de lin où l'on peut lire cette inscription : « La terre est bleue comme un gant. » Moi, je n'ai pas envie de rire. Parce que je crois savoir. Parce que je sais. Mais je me force à rire. Parce que Manfred.

[...]

7

[Hélène a 36 ans]

Rome, 13 janvier.

Au café.

Quand François-Xavier a regardé une fille traverser la rue San Lorenzo (elle ne devait avoir que quatorze ans, mais c'est pour ça qu'il le faisait, pour que je craque...), je me suis levée sans rien dire et je suis partie à toute vitesse. J'en ai même oublié mes affaires (que j'avais sorties de mon nouveau sac) sur la table de la terrasse. Il ne s'est même pas levé, il n'a même pas essayé de me rattraper. Je m'en doutais, c'était peut-être mieux comme ça. N'empêche, sur le coup, c'était horrible que ça finisse comme ça.

Je sais maintenant qu'il savait. C'est fini.

Il aurait quand même pu me raccompagner. L'avion... il sait que j'ai peur de l'aéroport, de tous ces trucs à faire, enregistrer les bagages...

Je suis repartie à l'hôtel (j'y ai laissé ma jupe droite bleu marine, je l'aime celle-là). Ce n'est même pas lui qui me l'a achetée, mais dans le fond tant mieux, je pourrai la remettre tout le temps. Allez va, c'est bien fini. J'ouvre la porte et je vois notre lit défait. Je tombe dessus, je pleure sur l'oreiller comme une idiote. L'odeur de son parfum dans la salle de bain me redonne du courage : c'est un salaud.

Paris, 15 janvier.

La vie sans François-Xavier. Horrible. Je pleure comme une idiote. C'est un salaud, de toute façon c'est fini.

À Rome, c'était une comédie, toujours. À l'hôtel où il avait voulu faire chambre à part, au marché, dans les cafés. Inutile, razulo, débile, un jeu de salaud, c'est pas permis d'être salaud comme ça.

Paris, 16 janvier.

Mourir. Hier, j'ai brûlé toutes les photos.

J'écris ça sur le lit. Je me regarde dans la glace de l'armoire. Il y a, collé dessus, un drôle de mot : « Souvenir de Montargis. »

[...]

8

[Hélène a 39 ans]

26 février. Mon anniversaire.

Soirée réussie. Même pas eu le temps de pleurer de joie, ce que je suis contente.

Ils m'ont dit tu verras, Jacques est très gentil. Véronique et Claire n'arrêtent pas d'essayer de rendre la vie plus heureuse. Elles font trop d'efforts pour ça, c'est gênant.

Il habite Alger une grande partie de l'année. Il veut prendre des photos de moi (c'est un photographe) dans la casbah (qu'est-ce qu'elles sont allées lui raconter sur moi ?). Les Arabes me font un peu peur mais j'accepte.

Sur les photos de lui, avec lui, qu'on me montre, je n'attache d'importance qu'à une chose de toute façon au milieu de Tanger, de la mer et du désert : il est beau. J'aime son nez. Il a le nez droit, long, assez gros, mais c'est comme si ça ne se voyait pas.

10 mars.

Au téléphone, sa voix est gentille, très gentille.
Il est très gentil.

28 mars, Alger.

Jacques me prend en photo cent fois. La nuit, il est mystérieux. Le matin, je regarde par-dessus son épaule l'ouverture dans le mur, creusée en rond et pleine de lumière. Jacques aussi est plein de lumière sous la douche et je mange cette lumière.

29 mars.

Souks, kawa, terrasses.
Entendu : ballasu yah fru l'asasat man arbaet ashor bass.

1er avril.

À quatre heures, je braque mes jumelles sur un minaret. Je vois une forme penchée, assez petite qui braque ses jumelles sur moi. Pourquoi ce type en haut du minaret nous regarde-t-il à la jumelle, me dis-je ? Sa forme, petite je crois, flotte, prédicante, priante, suppliante, comme une pie morte empaillée et perchée sur un balcon en face de la montagne. Ça me fait cet effet-là. Je laisse mes jumelles dirigées sur lui. Lui non plus ne baisse pas ses faux yeux, on dirait qu'il regarde, non pas moi et Jacques, mais mes jumelles, mes yeux bleus, moi en train de le regarder. Il ne bouge pas, c'est fou comme il ne bouge pas. C'est comme si c'était une image collée au fond de l'objectif, une vieille photo, comme dans les kaléidoscopes, les couleurs curieuses. Un peu plus tard, la voix du muezzin s'élève d'un autre minaret. Au début, j'ai cru que c'était lui, que ses jumelles chantaient. Ses yeux étaient des cithares qui me faisaient entrer les sirènes de Dieu partout dans mon corps. Il était loin et flou et immobile derrière ses jumelles, mais il y avait le chant du muezzin partout dans l'air. C'est la guerre, c'est la timidité je me suis dit. Ça me rentrait par-dessous le short. Allah ventriloque, à travers sa marionnette à jumelle. Il me pénétrait je crois. J'ai honte de le dire, j'ai joui.

En m'entendant, Jacques a cru que je m'étais fait mal. Je lui ai demandé de partir « monter au minaret là-bas ». En le voyant s'exécuter en courant vers le gouffre des rues d'où jaillissait la tour, j'ai su, oui, j'ai su que je ne l'aimerais plus jamais.

[...]

9

[Hélène a 43 ans]

13 août.

Je reprends ce journal.

Quatre ou cinq ans que je n'avais rien écrit, c'est marrant, c'est mauvais signe aussi. Ça veut dire que je m'arrête pour regarder.

Je me suis mariée. C'était après l'Algérie, l'image de l'homme en haut du minaret. Je viens de relire cette page que j'avais écrite quand j'étais là-bas avec Jacques. Le type du minaret m'a travaillée pendant des mois. Je me suis convaincue qu'il était l'esprit de l'homme arabe. Dans mon appartement à Paris (j'habitais rue Christine), j'ai acheté des tas de livres sur l'Algérie, les mosquées, tout ça. À la Bibliothèque Nationale, j'ai rencontré Alain. Il a été ma Toussaint : coup de tonnerre, rendez-vous, ses cours à la Sorbonne (il avait cinq ans de moins que moi), son petit boulot à l'Institut français du monde arabe, son air oriental tout d'un coup chez le marchand de tapis à Oran justement tiens avec ce danseur grimé qui nous a embêtés trois jours durant en voulant nous vendre des paires de gants bleu marine.

J'ai mis combien ? Sept ans à m'apercevoir que ce n'était pas lui que j'aimais, mais l'Afrique du Nord. Je crois qu'on est toutes comme ça. À notre manière, on a l'amour du drapeau.

J'avais envie de me monter la tête, pas réfléchir. Comme avec lui le Maghreb était toujours là (du moins jusqu'à sa thèse), avec les voyages Air-Méditerranée, les expos à Paris, nos conversations en arabe, j'ai pu m'aveugler cinq, six ans au soleil du désert. Et puis il a fini par trouver un truc à Montpellier. C'était une vraie prison. On ne partait plus en vacances (il ne gagnait pas beaucoup d'argent). Les bibelots sur la commode, ça me faisait pleurer.

Un jour, je me suis aperçue qu'il s'appelait Alain. Je crois que c'était une fatalité un prénom comme ça, un prénom cul-de-plomb, sans aile. Dans la rue, on le trouvait outrageusement trop jeune pour moi. Du coup ça me vieillissait et ça m'a encore plus détachée de lui. J'ai eu une aventure avec un médecin, un homme marié de cinquante-huit ans que j'étais allée consulter pour un problème de sommeil et qui m'avait conseillé de faire du sport. Et puis le divorce est arrivé. On a bien essayé de faire un dernier voyage (il y a six mois) en Jordanie, mais on faisait touristes. Rien, plus pareil.

[...]

10

[Hélène a 46 ans]

14 août.

Seule. Je descends le Nil.

Oui, je me suis payé une croisière. J'ai mis tout mon petit porte-monnaie là-dedans. Claire m'a dit que c'était une folie. M'en fiche.

On passe sur des territoires inondés où le Nil s'est épanché comme une mer. À dix mètres du bateau, des palmiers sortent la tête de l'autre. On avance avec une extrême lenteur : les navigants ne savent ce qui, sous le delta qui régresse dans le désert, est le lit du fleuve et ce qui ne l'est plus. Avec la chaleur, de fins nuages de vapeur d'eau de Nil montent vers le ciel. C'est vert partout.

15 août.

Marrant, cet après-midi, juste en regardant des pêcheurs tirer la voile de leur felouque sur fond sonore d'appareils photo déclenchés tout autour de moi, le blanc de la voile plutôt, pleins de plicatures bougeantes s'amenuisant jusqu'à gâteau de tissu roulé farine dans un coin de leur barque, eh bien en voyant ça, je me suis souvenue de lui. Il me suivait partout comme un petit chien. Je crois qu'il faisait des choses vraiment folles pour moi. C'était fou en tout cas. Je crois que je n'ai pas été très gentille avec lui. À l'époque, j'avais le bonheur ambitieux, je triais sur le volet. C'était agréable. Ça l'est un temps. C'est après (en fait, là sur le pont avec le soleil, la chaleur, les Égyptiens, le zeph du soir qui coule sur le bastingage, les valses de mauvais genre) que ça devient embêtant, on regrette. Je crois que si j'avais accepté son amour, j'aurais quelqu'un dans ma couchette ce soir et demain, je ne serais plus obligée de penser à comment Jean, Michel, Jacques, Manfred faisaient ça. Je ne serais pas obligée de me dégoûter à regarder les officiers.

17 août.

Où est-il maintenant ? Lui ou un autre, en fait, ce qui me travaille, c'est le « j'aurais dû construire mon âge mûr avec plus de discernement ». J'aurais dû discerner peut-être quelque chose de définitif chez lui. L'enfance a raison. Je voulais jouer les grandes filles, il n'y a pas de vamp cadette pensais-je.

Je suis saoule. Piper Heidsieck.

18 août.

On est entré dans ma cabine en mon absence. Scandaleux. Les stewards sont d'une incurie. Je me plains au capitaine. On a ouvert mon journal secret, on a lu dedans. Et le truc que j'ai écrit sur les officiers ? Oh, mon Dieu...

22 h 00. S'il me revoyait aujourd'hui, est-ce que je lui donnerais encore l'envie de monter aux arbres ?

Ce soir pour fêter la dernière semaine de croisière, j'ai mis ma robe moulante (je l'avais emportée, au cas où...). Ça marche encore sur les hommes. Mes fesses n'ont pas d'âge, j'ai encore un peu de temps devant moi. Plus question de trier sur le volet ce qui se présente, mais je puis encore me faire choisir. À défaut...
Ce sont surtout les sexagénaires qui m'ont regardée.

30 septembre.

De retour à Paris (ça fait un mois), j'ai été terrible au bureau. J'ai traîné les pieds, renâclé.

Ils m'ont licenciée. Avec les indemnités, je décide que je repars. Pour New York. Comme j'en ai eu envie il y a longtemps alors j'y vais. Les billets sont là, dans ma main. New York, fuir, fuir.

[...]

12 octobre.

Je suis à mi-chemin entre un âge et l'autre. Il faut que je fasse quelque chose, vite, il le faut.

Je sombre, je me rattrape aux branches des avions, des aéroports. Les aéroports, j'aime mieux. Plus peur.

Mon derrière est encore ferme. Des flexions de jambes, en partant de très bas et lentement, ça travaille plus. Moins manger. Une grande glace dans mes chambres d'hôtel, je ne peux plus m'en passer.

54e Rue, un type m'a regardée sur le trottoir d'en face. Rien de perdu, mais c'est ce qu'il y a à développer à partir de ça. Du beau terreau et rien qui pousse. Il faudrait que je reste dix ans. Mon New York est furtif.

En sortant du muséum. Si on m'avait demandé comment c'était, j'aurais été incapable de répondre quoi que ce soit. C'est comme si je n'avais rien vu, rien. Je passais devant des trucs, dans certaines pièces il y avait des toiles, des formes, des couleurs, des gens, c'est tout. Moi, je pensais à des choses comme « lui là-bas, il a l'air gentil, on pourrait aller dans sa maison au Nebraska — j'ai entendu celui-là parler du Nebraska — c'est sûr, il faut juste que je lui parle pendant deux mois ». Il y avait une glace murale sur un palier. Je montais les escaliers dix fois pour passer devant et me regarder le derrière de profil (je venais de remarquer que sous cet angle, on voit d'emblée les dégâts, c'est comme une loupe en coin). Le derrière, ça va (j'en suis convaincue dès le sixième passage). Mes cheveux m'ont obnubilée pendant un quart d'heure, mais je les ai vite évacués : c'est pas le premier pan de la maison qui tombera.

2 novembre.

Pris un shampooing.

[...]

3 novembre.

Café DarkSide, 21 heures. En pensant à un certain coin de tapis de mon hôtel, qui est râpé, j'ai eu une coulée froide dans le dos, l'envie de rentrer en France, tout de suite.

Mon argent fout le camp, c'est inutile tout ça. Je mendie le moindre regard. Quand il arrive, je n'ose pas l'approcher. La peur d'être une catin ? C'est même plus de l'honneur, c'est parce que je veux de la durée.

J'aimerais être capable de dire en un seul regard à un de ces hommes que je croise, que je serais une femme amoureuse et dévouée pour la vie, pour peu qu'ils me disent quelque chose.

Essayer les bars.

4 novembre.

Passé la journée dans ma chambre d'hôtel à choisir les bars sur des prospectus.
De temps en temps, allée à la fenêtre.

Pluie, je la regarde tomber de mon dixième étage. Le trottoir = le fond du puits. En finissant de regarder un couple faire l'amour rideaux ouverts (à quatre heures de l'après-midi) dans l'immeuble d'en face, j'ai eu envie de vomir. Une envie nouvelle parce que ça aurait voulu me sortir par les poumons et pas par la bouche. Est-ce que je saurais encore retrouver mes réflexes spéciaux au lit ? Curieux, mais depuis deux mois je...

5 novembre.

Un drôle de clown noir au Blue Baboon. On voit tout de suite que ce n'est pas un vrai Noir. Il danse autour de moi avec sa cape. Sa cape ressemble à un violon. Il s'en va dans un envol d'écharpes en lançant sur ma table une photo du château de Chambord.

Plus tard, Steeve.

Il est trois heures du matin. Steeve est parti. Il ne reste plus grand-chose de la soirée d'hier. Steeve peut-être, ou plutôt ce type déguisé en Noir, comme aux premiers temps du muet.

6 novembre.

Aujourd'hui, je prends l'avion. Je n'ai plus d'argent, et ce matin, en me levant, je trouve une autre photo de Chambord dans la poche de mon peignoir. Derrière, il y a écrit : « Vaulx, c'est le Château de Fouquet. On pourrait y faire un tour. »

Qu'est-ce que c'était que cette mascarade ? Un Français est entré dans ma chambre après avoir dansé pour moi. Où m'a-t-il remarquée, quand ça ?

Un ami de Steeve ?

11 novembre.

J'ai eu hier une petite angoisse à l'aine comme une petite massue en carton qui viendrait remuer profond dans mes intestins, et aussi parce que m'est revenue en tête cette image que j'avais presque oubliée depuis vingt ans, celle d'une poursuite dans la forêt où je me faisais courser par un papillon géant, multicolore. Sur les bas-côtés des sentiers que je prenais, des papillons plus petits, couchés, qui avaient l'air d'agoniser, me disaient de faire très attention de courir très vite et de ne pas me faire rattraper par le grand papillon à la trompe qui rigole. Alors je courais plus vite, à perdre mon souffle, mais en courant, je ne savais pas si c'était pour ne pas perdre le jeu de poursuite avec mon ami le papillon ou si c'était pour ne pas me faire manger, ou renverser dans le fossé comme les autres. La première fois que je faisais ce rêve-là, c'était le jour où... il est entré dans le jardin de mes parents. Le matin, je me réveillais avec du coton dans le bas-ventre et le souffle un peu court. Aujourd'hui, c'est exactement la même chose.

2 décembre.

À partir d'aujourd'hui, ne noter dans ce journal que les fois où je crois qu'il revient. Le reste est si peu important de toute façon.

[...]

11

[Hélène a 48 ans]

Bruxelles. 23 mai.

La Belgique. J'avais déjà vu ça avec Jean, oh comme c'est loin. À l'époque, ça m'avait paru si triste. Je pensais qu'il fallait vraiment être un vieux croûton pour venir s'enliser dans un pays si plat, si plein de charentaises. Aujourd'hui, j'aime ça, cette sécurité. Pourtant hier soir dans ma chambre, il y avait la police, le maire, des journalistes, comme en Amérique du Sud (certains étaient bronzés), tout ce que la ville compte d'important avec cravates et micros, j'étais gênée. Pour une tranquillité... La télévision flamande était là aussi.

Il me faut dire qu'en ouvrant la porte de ma salle de bain, j'ai été saluée par deux fesses de bronze montées sur tabouret et un bruit d'eau qui coule. J'ai d'abord cru qu'un nain m'avait volé ma chambre. Et puis j'ai eu une épine au cœur parce que ça m'était déjà arrivé de surprendre Jean ou Alain à faire pipi tout nu dans les lavabos. Quand c'était comme ça, je leur appuyais sur les fesses et ils en mettaient un peu partout sur les rebords. Il m'a fallu deux secondes pour réaliser que c'était une statue, que ces deux fesses n'étaient pas vivantes. Dans le lavabo l'eau coulait et ça donnait l'impression que la statue, vue de dos, elle pissait. Quand j'ai montré ça à Michel, à son retour, il a eu l'air catastrophé parce que c'était le Mannekenpis. Il s'est arraché les cheveux en parlant de procès et de dégradation de patrimoine et d'embêtements pas possibles. Moi, ça me faisait plutôt rigoler, d'autant que je me souvenais d'une grosse tête en pierre posée comme par un ptérodactyle dans le jardin de mes parents quand j'avais treize ans, de mes parents qui parlaient d'un zouave de Paris, et aussi de procès, de dégradation de patrimoine, et d'embêtements infinis. Je sais que c'est lui, qu'il est là, dans les parages, qu'il me suit partout où je vais. Michel ne connaît pas l'histoire de la tête de Zouave dans le jardin. J'ai bien fait de ne pas la lui raconter, il ferait tout de suite le rapprochement. Ça le rendrait fou, surtout de le voir rigoler comme ça.

[...]

12

[Hélène a 50 ans]

Damas, 18 janvier.

La foule. Souk. Immense. Incroyables. Mais moins beau que celui d'Alep, d'après les guides. Rien de véritablement *achetable.*

Aujourd'hui, visite de la mosquée des Omeyyades. Depuis le temps que William m'en parlait. Nous nous sommes fait aborder à l'entrée. Un drôle de type qui a pris William par le bras et l'a éloigné de moi. J'ai vu que William faisait des gestes pour faire comprendre au type en question qu'il n'avait pas une piastre à lui donner. Alors, le type m'a désignée du doigt en rigolant, puis s'est enfui.

20 janvier.

Dans le bus qui nous conduit vers le Krak des Chevaliers, je demande à William comment il fait pour aimer une vieille comme moi.

Adorable, comme à son habitude, il me répond avec son accent anglais de petit garçon qui ne comprend pas la question que le professeur vient de lui poser, que cinquante ans est l'âge idéal de la femme. Qu'à vingt-cinq, la femme se cherche encore entre allumeuse et femme au foyer, qu'à trente-cinq elle a connu plus de souffrances que de bonheur, et qu'à cinquante, elle sait comment être heureuse parce qu'elle connaît les pièges de la vie.

William, je l'adore. Il m'apaise, il me rassure. Parfois, j'ai même l'impression que je l'aime vraiment. C'est-à-dire que je l'aime d'amour, comme une femme doit aimer un homme. Je pourrais être sa mère. Il a vingt-sept ans, eh oui, il y a des moments, dans la journée, comme tout à l'heure dans le bus au milieu des hommes des sables et des touristes allemands, où je me suis dit que je l'aimais. Il me fait des cadeaux tout le temps. Il s'occupe de moi. Il me rappelle quelqu'un qui... Mais je préfère chasser les pensées interdites.

Hôtel Baron, Alep, mercredi 23 janvier, cinq heures dix du matin.

J'écris ces lignes au lit, dans la chambre de Lawrence d'Arabie. William dort. Je vois son torse lisse dans la lumière du matin, que laissent filtrer les stores. Il m'a fait hurler de plaisir toute la nuit. Dans toutes les positions. Je revis. Bonheur. J'ai envie de tout noter de cette nuit magique, éternelle, magnifique. Mais cette pudeur, toujours... À quoi bon tenir ce journal si je ne confie pas les moments de bonheur ? Après tout, j'en suis la seule lectrice... Peut-être est-ce parce qu'il est plus beau de garder les meilleurs souvenirs de l'existence dans sa mémoire... Ou peut-être est-ce tout simplement parce que le bonheur ne s'écrit pas... Plus généralement : ne s'exprime pas... Oui, mais alors : la poésie, la musique...

Ne sont-elles pas capables, de temps en temps, d'exprimer le bonheur ? Ne sont-elles là que pour dire la souffrance ? Je ne le crois pas. Je ne peux pas le croire. Impression terrible de n'écrire que des clichés... Tant pis... Tant mieux... Je me sens si bien... C'est ça qui est important... Le bonheur et rien d'autre !

William se retourne. Je remets un peu de drap sur son torse lisse. Le monde est à moi, le monde est à nous, ce matin, mon amour. Tiens, voilà que je m'adresse à lui maintenant. Un peu comme si écrire dans ce carnet, c'était lui envoyer des lettres d'amour. J'ai cinquante ans et la gaieté, innocente, fraîche, d'une jeune fille qui vient de passer sa première nuit d'amour. La vie est extraordinaire. William William William dors, dors, reste à dormir près de moi, ne te réveille pas, attends encore, laisse-moi te regarder, te garder, j'aime bien quand tu dors parce que tu m'appartiens plus... Tu n'es plus tout à fait à toi... Mon amour ! Mon amour ! Mon amour !

30 janvier. À Hama avec William. Minuit sur la ville et sur le monde.

Le temps passe. Ne cesse d'accélérer. Mais n'est-ce pas ce qui rend la vie si belle ? Le temps au fond nous échappe parce qu'on ne se donne pas la peine de le prendre.

De s'arrêter.

De réfléchir.

De regarder autour de soi.

Je suis amoureuse de William.

Les norias n'en finissent pas de tourner.

William me fait tourner la tête.

5 février. Dans l'avion. Ligne Damas-Paris.

Musique doucereuse dans les oreilles. Écouteurs branchés sur le programme musical de la compagnie. Des slows, surtout.

J'ai cinquante ans et le monde est beau. Parce que dangereux.

Heureusement, William est là. J'ai tellement peur qu'il me quitte. Qu'il aille retrouver une petite grue de son âge. J'ai besoin de lui. Tellement besoin de lui. C'est mon bouclier.

Difficile d'avoir confiance en la nature humaine. Le pouvoir, l'argent, ces corrosifs de l'âme. Le pouvoir, l'argent. Il faut voir à quelles extrémités en sont réduits (volontairement) ceux qui veulent obtenir un peu plus de pouvoir. À quelles humiliations, quels avilissements ils se prêtent. Et il faudrait les imiter ? Leur faire confiance ? Les appuyer ? Moi, j'appuie William et je m'appuie sur William, c'est bien suffisant. D'ailleurs, je

Reprise de ce journal, interrompu il y a dix minutes par un morceau de musique dans les écouteurs. Un truc que je connais bien. Par cœur, même. Mais dont, insupportablement, je n'arrive pas à trouver qui le chante. Et pourtant je ne connais que ça. C'est comme si, toute ma vie, je n'avais écouté que ça. J'ai réveillé William... L'air vaporeux, il s'est mis les écouteurs sur la tête en grommelant un peu, puis s'est rendormi avec aussi sec. L'ingrat. L'adorable ingrat. (Le sommeil et les Anglais ! À croire qu'ils sont les inventeurs du roupillon ! Moi qui croyais que c'était les Espagnols !) Je cherche, je cherche le nom du chanteur... C'est trop insupportable. Je secoue encore William : « s'il-te-plaît William réveille-toi, c'est de l'anglais, là, le type dit "love me" à un moment... » Dans un demi-sommeil, à trois mille mètres d'altitude, avec son accent, il jette ce nom :

— Michel Polnaweff...

[...]

13

[Hélène a 61 ans]

Punta del Este. 23 juillet.

Je suis à la plage, je regarde mon verre. J'avoue que j'aime bien le *Cuba libre* qui me réchauffe. Le ciel est joli comme une aquarelle, son violet est très léger, voilé. J'imagine des grues qui volent. Des mouettes viennent se poser à côté de moi sur le soleil. Je leur donne un peu de ce que j'ai pris au buffet. Quand elles s'envolent, voilà que je serre très fort mon pull sur mon ventre : je sais que je suis vieille. Soyons sincère, c'est fini, plus question de retrouver une nouvelle Aphrodite mise bas par chaque nouvelle tranche d'âge vécue. Je viens de rentrer dans le corridor noir, infini. C'est les seuls moments de ma vie et je les vis maintenant. Quand les mouettes s'envolent, quand je marche sous les arbres, que les jeunes gens me disent « bonjour madame », je sais que c'est foutu. Je suis à Punta del Este, mais qu'est-ce que je fais. Je ne fais rien, je me promène, j'ai mal aux jambes. Mes jambes... c'est là-où-j'ai-mal-maintenant. C'est une ignominie, le soleil ne me fait plus reine. Je lui montre mon chapeau de paille et de vieux danseurs de tango se lissent la moustache en me croisant. Le remblai, la mer, la mer est toujours bleue. Pin-ups sur la plage avec un vieux monsieur qui me donne chaud avec ses gants en plein milieu de l'été. C'est la mer qui a raison, le décor face aux acteurs.

Je ne l'avais pas vu tout à l'heure. Mais, de ma fenêtre, je vois des lettres tracées sur le sable, elles font deux ou trois mètres de haut. Je lis : *HÉLÈNE*.

Épilogue

JE T'AIME

Je m'en souviens. Oui, d'abord se souvenir. Ne pas lui laisser cette grâce : l'oublier-pour-la-délivrer-de-la-Décrépitude. Oh oui je me souviens de toi, Hélène. De tes vingt ans : deux gambettes fuyantes sous la lune rapiécée-moulée de ta jupette noire. Trottévanescente ignorance des déesses : ton petit menton levé quand tu me croisais, hautaine. Tu as joui, joui, joui. Avec tes Jean qui n'étaient pas moi.

Tu n'as rien perdu pour attendre, me dis-je, franchissant la grille givrée du petit cimetière de Montargis.

À Montargis habite un couple de petits vieux, au 9, rue de la Vigne : André et Oliva Moreau. Ils auront cent ans cette année. Ils dorment à présent. Ils font peut-être des rêves à deux têtes.

Au début de la semaine, ils ont fait enterrer leur fille ici, chez eux.

De ma chambre d'hôtel, j'ai suivi le modeste cortège en écartant les rideaux sales et un peu jaunes. Pendant toute l'ascension de la grand-rue, j'ai maintenu mon regard rivé sur le tombereau nickel (une grosse fourgonnette couleur de suie). Je n'arrivais pas à me pénétrer de l'idée qu'il était le char de Vénus. Ils l'ont enterrée là où ils sont nés, là où ils ont vécu toute leur vie. Là où les Moreau doivent rester, à l'évidence : les voyages sont des péchés. On meurt trop tôt à Paris, comme pour payer un reniement.

Hélène Moreau est morte le mois dernier à soixante-deux ans. Culbutée comme une poupée par une Porsche bleue, un soir. Place de l'Étoile à Paris. Hélène n'avait plus ses jambes de vingt ans qui tactaquaient les trottoirs. Adieu muscle et galbe sur la Place de l'Étoile incendiée de lumière, deux vieilles gambettes qui ne tricotaient plus n'ont pas bondi et sont mortes pour la deuxième fois. La Porsche bleue va bien, belle mécanique. Immarcescible chrome. Hélène à Montargis.

En retombant sur mes deux pieds de l'autre côté de la grille, je fais crisser le gravillon rayé par la pluie. Un coup d'œil au cadran lunaire du beffroi de la petite église. Il est minuit passé d'une heure. Je songe fugacement à ce peintre dont j'ai oublié le nom, et dont un critique a noté un jour qu'il avait su justement exprimer dans une toile la douleur de cette injustice qu'est la disparition des enfants avant leurs parents.

Vite je sors du trapèze de lumière blafarde, projetée sur le gravillon du petit parvis par les réverbères de la rue. Vite vite je m'en vais courir à l'endroit que je suis venu repérer hier après-midi, au fond à gauche, presque tout contre la clôture. C'est là qu'ils mettent en terre les nouveaux pensionnaires. Du provisoire avant le marbre définitif. *Totengräber,* disent les hommes du Rhin. Ça leur va si bien. Ils creusent des trous pour y balancer des dépouilles. Un terrain sans cesse gagné sur le champ en friche mitoyen, ancien verger où ne subsiste plus qu'un pommier taché des pertes blanches de la lune. Encore dix décès et il sera abattu. La mort est gourmande de terre.

J'ai cessé de marcher sur les cailloux blancs du repos. Je glisse à présent dans la glaise ravinée du provisoire échouage. Des morts toutes fraîches, des fins jeunettes attendent alentour un toit de marbre pour y vieillir, baignant ici dans l'éternelle glace d'un sous-sol détrempé. Des rafales de vent arctique peignent les herbes rares : de vulgaires graminées, plates et souples. Pas de pétale balayé, non, des tiges-feuilles, chevelure-ténia de vieille à l'automne. Dire qu'Hélène est là-dessous. L'en dessous de cette surface, déjà moribonde dans sa petite hargne de vivre, qu'est-ce que ça doit être...

Cette image d'elle : Paris au mois de juin, il y a

quarante-deux ans, bord de Seine sous le soleil, son petit valseur tiède, et sa chemise entrouverte. Fraîcheur des lèvres juteuses abouchées sur fond bleu de fleuve capital. Fraîcheur, salive, sucré.

Sous le limon funéraire, sous mes pieds peut-être, un corps a vécu ça, a été ça. À l'époque ce corps déjà roulait, sans le savoir, mais il roulait. Il roulait à baisers chauds que-veux-tu, vers ça, cet *hic et nunc*. Il passait par Barcelone, roulant. Terminus Montargis.

Ah ! si les corps pouvaient sentir les quais de gare à venir... Tu n'aurais pas eu cette morgue, Hélène. Parce qu'un matin dans ton lit brûlant, tu aurais coudé ton bras sur l'oreiller où reposaient éparpillés tes cheveux blonds, tu aurais penché ta tête pour embrasser ton aisselle glabre et luisante, et tu aurais senti cette odeur de pomme blette que m'apporte maintenant le vent du nord.

Le pommier du champ communal d'à côté. Ç'aurait été un matin à Barcelone et Antuñes t'aurait fait l'amour toute la nuit. Un matin qui sent bon les croissants chauds, la cigarette blonde de Jean et la reinette farineuse du lieu de ta fin. Le lieu de la fin des belles existe toujours.

Fraîcheur cristalline des hivers pour toi, salive de la pluie des bourgades anonymes pour toi, sucrée comme la pomme des arbres morts.

Golden Hélène est là-dessous. L'emplacement paraît plus petit que cet après-midi, à la clarté anamorphosante du jour mauve. Tant mieux, j'aurai l'impression de faire moins de bruit quand je remuerai la glaise. Je suis venu pour remuer les souvenirs, Hélène, tes souvenirs de glaise qui ne font plus qu'un avec toi. Comme on a raison de dire qu'on a la tête de ses souvenirs...

Tu es là-dessous, Hélène. Ton là-dessous. Que de fois n'avais-tu pas oublié de l'imaginer, jadis.

Dans mes rêves, tu sortais ta petite tête châtain de mon lit, toute froissée de sommeil encore, et je me plaisais à imaginer ton corps sous les draps. Je me disais : il est là, là-dessous. Ses petits seins, ses belles cuisses pleines de songes qui dessinaient des cordillères blanches sur la soie parfumée de mon lit.

Je remue maintenant la terre sous mon brodequin, linceul bistre. Les ravinements des averses ont remplacé les cordillères, et toi, Hélène, ta petite frimousse chiffonnée par le sommeil, aujourd'hui...

C'est donc ça son temple d'Aphrodite, un oubli de rase campagne battu par les antans. Le vent siffle par intermittence à mes oreilles. Il souffle partout avec la même violence muette pendant de longs instants, et puis tout à coup, parce qu'il regimbe contre un parapet ou bondit à travers des branches coupantes, déchire sa plainte et stridule. C'est donc ça, Hélène, ton mausolée, ton dernier lit, cette lune de laryngite noire et froide ?

Elles arrivent toutes au même endroit. Son ici. Il existait, il a toujours été là. Il a été champ labouré survolé par les pies quand elle avait dix ans et un joli ruban rouge dans les cheveux, il a été verger en fleurs le jour de ses quinze ans quand Paolo lui a volé un baiser (son premier baiser) à Madère. Voyage en famille à Madère avec André et Oliva. Lorsqu'elle regarda ce soir précis la mouette flotter sur l'Adriatique, une pomme tomba dans l'herbe de Montargis en un unique rebond sourd. Elle était jaune et ronde et pomme. Une pomme, déjà. Les pommes, l'éternelle rotondité des pommes.

Je m'en vais un peu plus loin, en retrait, contre un muret bas qui sépare le provisoire du figé, les croix en bois des pensions de famille en onyx rouillé. Je veux contempler le contexte de son repos. Le décor. Toujours tout sourit à une jeune fille. Les églises les rendent émouvantes, les jardins les font mystérieuses, Venise les saupoudre d'éternité. Tout les sert. À vingt ans, le Père-Lachaise lui aurait donné l'air marmoréen d'une déesse nordique. Tout épouse leur courbure. Combien de hanches ont fait plier combien d'hommes ?

Mais ce petit cimetière de province ce soir ne la détruit même pas encore. Il a moins de pitié que ça, il la calfeutre. Là, dix pas devant moi, dix pieds sous terre, fut une beauté. Là-dessous des yeux ont battu leurs paupières enfouies, Notre-Dame de Paris s'est baignée dans leur iris bleu, comme le tablier d'un pont de Venise sur le miroir de l'eau. Des yeux ont vu, ont été vus, ont vu des hommes qui les regardaient, ont vu des plafonds en criant, ont joué à ne pas voir. Maintenant, c'est calfeutré. La pire des destinées s'accomplit. La femme exposée, sortie, flashée, punaisée, exhibée, livrée, est enfin seule. Ça y est.

J'ai dit *enfin*. J'ai trahi ma joie, ma petite joie grandiose de vengeance posthume. Je mange le plat froid. C'est un mauvais jeu de mots.

Mi-adossé, mi-assis sur le petit mur, je grille une cigarette. Je pense à tous les instants d'Hélène. En petite Parisienne qui a du chien à la terrasse du Flore, en négligé blanc sur le balcon de l'hôtel Bricktop à Rome dans la petite suite louée par Jacques, en maillot sur la plage de San Sebastian dix ans plus tard, quand elle avait trente ans et l'air d'en avoir vingt. Des formes plus généreuses, peut-être, et encore... Je l'avais regardée deux heures durant de la balustrade du remblai, sous un soleil de plomb. S'est-elle doutée un seul instant que son nom, son nom à elle, la touriste inconnue sur cette plage espagnole, était susurré, resusurré, mâché et remâché dans le secret d'une bouche qui l'articulait à dix mètres d'elle ?

Elle était seule, j'aurais pu descendre sur la plage, mais ce n'était pas ce que je cherchais.

Ce que je cherchais, je l'ai trouvé aujourd'hui. Je faisais voyager mon regard de son corps allongé ou marchant dans les vaguelettes du bord, à l'île promontoire qui surgit comme un Neptune dans la baie de Tartous, si près qu'on peut y voir des hommes à l'œil nu. Des rubans de végétation enguirlandaient les rochers et les deux villas du sommet. Je m'en souviens comme si c'était hier. Je suis sûr qu'elle voulait être à la terrasse d'une des villas, contempler le fourmillement de la plage, dans les bras de son île. Des bras dignes d'elle, puissants et hauts. Je suis sûr : je m'en souviens !

Oui, ce que j'ai cherché, c'est ça : m'enivrer de son destin, jusqu'à la lie de son destin, de la courbe descendante de sa fatalité. J'ai voulu attendre la mort de l'oiseau pour voir son petit corps accidenté sur la rocaille. Son petit corps enfin *terrestre.*

Ce soir, Hélène, tu descends de ton perchoir. Où sont tes plumes ? Rincées dans les larmes des nuages tonnant, roulées dans la boue, bientôt racornies par le soleil froid de l'hiver. Même cachée dans ta tombe, même soustraite à mon regard, tu n'as jamais été plus nue qu'aujourd'hui. Et c'est moi qui t'observe sans que jamais plus tu puisses te rhabiller ou te cacher.

Et Acapulco. Te souviens-tu d'Acapulco ? Il faisait si chaud. Combien d'hommes étais-tu venue faire souffrir, combien de fois t'es-tu dit en déambulant le long de la dentelle d'écume du rivage : *mes deux seins, mes beaux fruits. Pas pour eux, pour Jean* ? Jean, Paul, ou un autre.

Aujourd'hui, Acapulco a chaud sans toi, des filles aux seins libres s'ébrouent en sortant de l'eau. L'eau chaude et verte, le sable qui fume dans les odeurs de crème. *E la nave va.* Toi, ici, maintenant, sous la lumière froide de la lune, sous les flaques d'eau et le podzol retourné, dans les courants d'air infinis d'une campagne de décembre. Je te tiens.

Oh oui, me voilà, l'homme d'autrefois, Nestor. Je suis de nouveau lui, il n'a jamais cessé d'être moi durant toutes ces années, quarante-deux, quarante-deux-années de filature d'Elle. Je n'ai jamais cessé d'être lui, et pour cause. Me revoilà, celui qui a été, par la disgrâce de ton regard edelweiss, rabaissé plus bas que terre. Je fais remonter la vieille blessure en moi pour mieux la béatifier dans le spectacle que tu m'offres. Tu es là-dessous, Hélène. *Là-dessous.* Que sont tes atours devenus ? Tes seins fermes des jours de juin de ta jeunesse, c'est maintenant comme s'ils n'avaient jamais été.

À quoi ont servi tes cuisses frott-frottantes ? Les

images galvaudées de Ronsard et de Shakespeare me reviennent en mémoire. Je m'en fous. La vérité n'a pas d'âge. Seules les femmes ont un âge. Elles ne l'ont que trop. Même leurs vingt ans leur sont une fin. Elles ne veulent pas le savoir.

Tu n'as pas voulu le savoir, tu m'as croisé comme Cléopâtre l'esclave. Je vais remuer ton fait accompli, laisse-moi t'enfoncer ça dans le crâne.

Je jette ma cigarette qui grésille-meurt dans une flaque boueuse. Je me rapproche de la tombe, je saisis la pelle oubliée et je *retourne en arrière* à coups de soc. C'est une régression jardinière. Je creuse la terre qui recouvre la terre qui recouvre Hélène.

Je sais qu'au dernier de mes gestes vont surgir les images, du tombeau. Des images de mauvais goût par excellence parce qu'elles sont le mélange des genres : la pourriture et le soleil de Paris, l'odeur des selles tourbeuses et du tabac blond au Lancôme. Creuse, creuse, et venge. Mes coups de pelle sont des coups de balai. Je veux balayer une image, je veux réinstituer la jupette noire et le chemisier blanc dans les limites de leur mortalité : j'excave le fondement de la féminité.

Soudain mon geste achoppe dans le bruit gras et dur d'une rencontre. Le bout de mes doigts tressaille encore des vibrati de ce choc conduits par le manche. Je m'en rends compte : je touche du bois, celui du cercueil. Veinard que je suis. Et d'ouvrir la cage de sapin : elle est là. Je passe ma main sur son visage : je viens de *toucher* Hélène. Oh que je me refuse, en cette minute de gloire, à penser : *je viens de toucher le cadavre de la vieille Moreau.* Non, en mes efforts cérébraux, je viens bel et bien de toucher le corps de l'Hélène de vingt ans.

Ma sueur au bout de ma pelle *respire* les grands Boulevards de Paris. Une bouffée de chèvrefeuille me monte à la tête. Mon odorat la corrige vite en cette exhalaison douceâtre que je n'attendais pas si soudaine : tout Hélène est là, dans ce parfum démoli.

Au bout du soc en fer de ma pelle, couchée dans sa boîte sérieuse, ce n'est plus qu'une motte de terre échevelée dardant ses poils entremêlés dans la glue noire des infernaux sous-sols. La cascade blonde d'Hélène s'est tarie dans cette giclure de pétrole vitrifié.

Je devine peu à peu la blancheur terreuse du front encore tapissé de peau. Instinctivement, comme l'œil toujours va pour rencontrer le regard et communiquer avec l'autre, j'*avise*, par en dessous, sa moitié d'œil silencieux qui fixe ma pelle. Sur l'autre moitié du visage, un drap blanc.

Ça y est. C'est par cet œil blanc comme l'eau, vide, à jamais vidé, que naît Hélène à mon souvenir et à mon présent.

J'ai attendu longtemps ce rendez-vous d'outre-tombe. Me voilà copule de chair qui unit l'Hélène d'hier à celle d'aujourd'hui, la conscience qui raboute les deux extrémités de ce même corps, le pied resplendissant et le bourgeon pourri.

Un peu comme on fait mettre au chien sa truffe dans ses fèces, je veux faire sentir à la jeune Hélène la partie d'elle-même qui est son aujourd'hui. Ainsi je rassemble les membres d'Aphrodite. Alors que je reste interdit devant son cadavre, le titre d'un vieux recueil d'Ezra Pound surgit à ma mémoire : *Je rassemble les membres d'Osiris.*

Et voilà qu'au-dessus de cet œil, devant cet œil, dans cet œil, je ne suis plus moi. Je sens vivre en moi le scintillement fluviatile des bords de Seine alanguis, le soupir d'Antuñes comblé au-delà de tout espoir, deux Uruguayens troublés au temps de la trentaine naissante, la gargouille de Notre-Dame (par-elle-aperçue-à-jamais-transfigurée-par-elle), je suis ses propres seins et fesses mêmes, dans la glace de son armoire normande, au temps de Narcisse et des doutes de la quarantaine. Bref, entre en moi tout l'ancien matériau brut de son *acte de voir.* Pour me pénétrer de cette réalité aveugle et aqueuse : c'est *son* œil que je regarde ne plus me voir.

Hop ! Je tire le drap blanc et le visage d'Hélène m'est restitué dans son intégralité. Sa face. Quelle immobilité ! Où est le féminin feu follet trotte-menu, papillonnant, la vie-mouvement, ce mouvement du sourire dont les photographes disent qu'il est l'essence de la beauté, et dont seules les plus déesses d'entre les déesses, sur le négatif, parviennent à emporter la trace ? Je voudrais voir cette ruine de figure bouger, tordre son dernier mot, pour me dire qu'elle en bave de pourrir.

Non, c'est pire que ça peut-être, c'est la revanche du temps dans la totalité neutralité qui lui sied : le masque blanchâtre et sec d'Hélène a la fixité des choses définitives. Sa peau tendue et ravinée par le discours osseux du crâne tacite, en sous-impression, sa peau criblée de petites tuméfactions bleues. Disparu le caoutchouc tendre et ferme et bronzé qui faisait résonner les baisers de Jean, qui sucrait et fermait ses sourires comme une mer rouge sur les nacres. Cette bouche a fleuré l'anis tout contre celle de William, elle lui a souffloté de petites cochonneries tièdes, alizés des Caraïbes. Blizzard ici, dans mon dos frissonnant. Jadis toujours bougeante, souriante, riante, tendue, pincée, s'affinant dans le sourire, s'incurvant démaquillée en pétales de cognac pour sourire, se gonflant pour bouder. Pulpe émail confiture lisse. Et toujours elle sentait la pâte dentifrice à l'abricot. Sous mes yeux, l'aujourd'hui, le désormais de ces lèvres se fronce en coulis figé sur la béance nègre et chicoteuse de la bouche. Marmiteuse, soufrée. Le temps de ta couleur cerise : enfui ! enfui ! parti !

Je tombe à genoux sur la terre remuée : un baiser, un baiser lui donner. Je suis toujours Nestor, je vais lui donner le baiser de la patience suprême. Mes lèvres baisent maintenant la verdure de sa muqueuse dissoute. Anastomose. Je suis moi-il-y-a-quarante-deux-ans, je me ressens remontant le boulevard Saint-Germain, je la reregarde s'éloigner, me disant : *toi petite femelle chaude et pimpante, je baiserai un jour le vestige de tes lèvres.*

Et puis je reviens à moi, mes empathiques voyages dans le temps prennent l'apparence plus familière d'un *si j'avais su.* Mes lèvres se retirent comme mer, emportant avec elles un peu de spore d'éternité que je recrache avec courtoisie. Odeur de marée.

Je lui susurre *je t'aime,* rien que pour la voir ne pas broncher, demeurer telle qu'en elle-même, ni jamais plus jeune, ni jamais plus vieille, au-delà de la jeunesse et de la vieillesse, *ipsa immota manens.*

Figée, chose figée, et comme je pense soudain que l'on dit *giclure* d'une chose giclée, je pense aussi *figure,* de cette pauvre chose *figée* qui fut un visage. Puisses-tu, Hélène, voir aujourd'hui le devenir de ton antique petite frimousse irrésistible : c'est une *figure.*

En fait, et toujours, je m'imbibe de cela : le visage de la femme ne cesse d'être une *figure.*

Je reste encore à me nourrir de la vision de cette face caillée, ridée comme une vieille pomme. Si je massais ses joues d'api, elles m'en resteraient entre les mains. Sa peau est devenue son dernier fond de teint. Galante encore, même dans la mort.

BIBLIOGRAPHIE

Nestor, *L'incroyable histoire de Nestor et Hélène*, Gallimard, coll. L'Infini, préface de Philippe Sollers.

Nestor, *The true story of a legend : Nestor and Helen*, University of Wisconsin Press, édition établie par Manuel Carcassonne, 6 volumes.

Nestor, *La reine des Pluies, vie et mort d'Hélène Moreau*, Grasset, préface de Jean-Paul Enthoven.

Nestor, *Facteurs pathogènes et comportement amoureux*, thèse de Troisième Cycle, sous la direction d'Elisabeth Roudinesco, Presses de la Sorbonne, 18 volumes.

Nestor, *Wenn du da warst, für eine poetische Biographie meiner ewigen Helena*, Fischer Verlag, München.

Nestor, *Taxi, suivez cette jeune femme !*, entretiens avec Jean d'Ormesson, Plon.

Nestor, *Correspondance avec Hélène Moreau*, Presses de la Bibliothèque Nationale de France, 76 volumes. (Signalons qu'à ce jour, aucune lettre d'Hélène n'a été retrouvée.)

Hélène Moreau, *Journal intime*, Le Dilettante, préface de Nestor.

Table

Le Livre de Poche s'engage pour l'environnement en réduisant l'empreinte carbone de ses livres. Celle de cet exemplaire est de :
400 g éq. CO_2
Rendez-vous sur www.livredepoche-durable.fr

PAPIER À BASE DE FIBRES CERTIFIÉES

Achevé d'imprimer en France par
CPI BUSSIÈRE (18200 Saint-Amand-Montrond)
en septembre 2019
N° d'impression : 2047204
Dépôt légal 1re publication : janvier 1998
Édition 06 - septembre 2019
LIBRAIRIE GÉNÉRALE FRANÇAISE
21, rue du Montparnasse – 75298 Paris Cedex 06

31/4374/0